TREATING COUPLES WELL

# 부부상담 잘하기

협력적 부부상담을 위한 실전 가이드

David C. Treadway 지음
김재희 옮김

힐링
윙즈

# 부부상담 잘하기

 부부상담 잘하기는 부부상담사가 부부를 임파워먼트하여 그들 스스로 변화와 치료의 주체가 되도록 돕는 부부상담의 협력적인 방식을 보여준다.

 이 책은 부부가 다양한 임상 접근법 중에서 자신들에게 필요한 전략을 직접 선택하도록 돕는 과정을 흥미롭고 친근한 대화체로 상세하게 설명한다. 외도, 친밀감 및 성관계, 의사소통, 정신 질환 및 중독을 포함한 광범위한 문제에 대한 효과적인 상담 전략을 제공한다. 각 장에서 상담사 자신의 개인적 삶의 경험을 고려하는 것의 중요성과 그것이 부부상담 세션에 미치는 영향을 탐색한다. 상담사가 부부의 욕구를 성공적으로 도와주고 세션 사이에 의미 있는 활동 과제를 수행하게 돕도록 실제 개입 방법, 임상 장면의 모습과 활동 내용들이 전체적으로 포함되어 있다.

 뛰어난 부부상담사의 경험에서 나온 수많은 사례 사례를 바탕으로 한 부부상담 잘하기는 어느 단계의 부부상담사에게든 귀중한 자원이 될 것이다.

# 역자서문

　상담사로서의 나는, 원서를 반복해서 보며 한글로 옮기고 수정하는 동안 임파워먼트되고 있었다. 초반에 작업할 땐, 부부상담사라면 누구나 씨름했을 만한 큼직한 주제들에 매료되었고 이에 대한 실용적인 전략과 기술들을 어떻게 접목할 수 있을지 흥분되었고, 든든했다. 중간 작업부터는, 그의 호소에 마음이 크게 울렸다. 그는 각장마다 어떻게 부부를 돕고, 상담사인 자신을 도와야하는지 말한다. 무엇보다, 힘든 순간이 있지만, 마음을 다해 소명을 다할 것을 격려한다. 트레드웨이 박사는 이 책에서 자신의 경험과 실수, 자신의 연약함 들을 기꺼이 공유했다. 이는 상담사인 우리가 받는 '정상화'이며 우리가 충분히 한계가 있는 인간으로서도 도움을 줄 수 있는 상담사라는 안도이다.

　번역자로서 나는, 이 책에 풍부한 부부상담의 현장감을 생동감있게 전달하려고 노력했다. 내담자들의 다양한 목소리, 노장의 친근하고도 분명한 어조를 한국어와 한국 상담 현장에 맞게 살리려고 했다.

　'부부상담 잘하기'는 여러분이 만나는 부부의 상담 참여도를 높이고, 일상에서 변화가 견고히 자리 잡는데 조력하는 상담사가 되도록 이끌어줄 것이다.

　아직도 이 책 전부가 내 머리와 가슴에 남아있다. 이 책의 감동과 저자의 목소리가 맴돈다. 여러분이 저자와 직접 교감하며 받을 임파워먼트를 기대한다.

- 김재희

# 차례

감사의 글   6
프롤로그    9

## 제1장  오래된 부부가 일반적으로 직면하는 도전들    16
사랑에 빠진 상태에서 "생활에 빠진" 상태로의 이동 | 둘이 셋이 될 때 자녀의 독립 | 은퇴와 노화 | 장기적인 관계로 가는 성공의 열쇠

## 제2장  협력적인 부부상담의 구조: 첫 세션    31

## 제3장  노력하는 사랑: 지금-여기에서의 행동 변화    41
과제 동기부여 | 과제를 하기 어려운 이유 | 준비, 계획, 연습, 처리, 끈질긴 격려, 지속

## 제4장  내담자마다 효과적인 과제 정하기    49
말하기/듣기 활동 | 공식적 말하기/듣기 활동의 규칙과 변형 | 타임아웃 규칙 | '비즈니스는 비즈니스이다' | 의사결정 도구 | 부드러운 사랑의 보살핌

## 제5장  은밀한 난제: 성적 친밀감    69
왜 많은 부부들이 만족스러운 성생활을 유지하기 어려운가? | 성적 친밀감의 마법과 좌절, 예술과 코미디로 승화하는 활동 팁 | 대화 활동 7가지 | 신체활동 7가지

## 제6장  트레드웨이 캠프: 주말 집중 상담 프로그램    85

## 제7장  용서와 화해, 그리고 보상의 프로토콜    94

## 제8장  외도의 도전    103
상담 단계 | 1단계: 위기관리 | 2단계: 공개 | 3단계: 용서와 화해, 그리고 보상 | 4단계: 새로운 결혼 생활 만들기

## 제9장 부부의 원가족 다루기 112

심리적 외상 | 치료 목표 | 성인기 대인관계에서의 어린 시절 대처 기술

## 제10장 이혼 : 다모클레스의 칼 128

결혼 실험 | 치료적 별거 | 치료적 별거 프로토콜

## 제11장 한 배우자가 문제아로 지목되는 경우 136

약물 남용 | 과정중독 | 부부 모두가 과정중독인 경우 | 신체적 학대 | 정신 질환

## 제12장 난장판, 스텝, 실수, 무효, 부조화 148

난장판 | 극심한 부부 갈등 개입 전략 | 오래된 상호작용의 춤과 스텝 | 상담사의 실수 | 부부상담이 효과가 없을 때

## 제13장 상담사 의자에 앉은 코끼리: 상담에서 가장 다루기 어려운 존재, 상담사 162

상담사의 성별과 성적 지향 | 상담사의 인종과 민족성, 문화적 차이 | 상담사의 원가족 이슈와 과거의 대인관계 경험

## 제14장 자기개방의 치료적 사용 170

## 제15장 우리의 소명 181

에필로그 191
부록 196

공식적인 말하기/듣기 활동 196 대화형 말하기/듣기 197 타임아웃 규칙 197 부드러운 사랑의 보살핌 198 의사결정 프로토콜 199 성공적인 장기적 관계를 위한 10가지 핵심 요소 201 왜 많은 부부들이 만족스러운 성생활을 유지하기 어려운가? 202 성적 친밀감의 마법과 좌절, 예술과 코미디로 승화하는 활동 팁 205 용서와 화해, 보상의 프로토콜 209 외도 후 용서와 화해, 그리고 보상의 프로토콜 210 부부 주말 집중 캠프 211 치료적 별거 프로토콜 213

참고문헌 216

# 감사의 글

먼저 내가 만나온 부부들에게 감사하다. 지난 45년 동안 수천 쌍의 부부와 함께 일하는 특권을 누렸다. 그들 중 많은 이들을 도왔고, 또 많은 이들을 돕지 못했다. 성공과 실패는 모두 나의 스승이었다. 그들 모두는 내가 상담사로 끊임없이 성장하도록, 심지어 내가 될 수 있는 가장 괜찮은 사람이 되도록 도왔다. 그들 모두에게 감사의 말을 전하고 싶다.

내 책은 수많은 사례와 대화를 중심으로 구성되었다. 실제 상담 세션에서의 경험을 사용했지만, 내담자의 신원을 보호하기 위해 모든 임상 자료를 신중하게 허구화했다.

나는 수년에 걸쳐 부부상담 기술을 많이 개발했다. 하지만 상담사 동료들에게서도 많은 영향을 받았다. 무엇이 내 아이디어이고, 무엇이 많은 다른 사람들로부터 얻은 것인지 확실하지가 않다. 이름을 일일이 열거할 수 없을 정도로 많은 이들에게 영감을 얻었지만, 말하기/듣기에 대해서 Harville Hendrix와 Helen Hunt, 외도 후 치유에 대해 Janis Abrams Springs, 친밀감에 대해 Michele Weiner Davis, 그리고 the Gottmans의 모든 작업에 대해 감사를 표한다. 내 아이디어 중 일부는 그들의 이론에서 왔다. 특히 나보다 먼저 협력적 부부상담이라는 용어를 만들었던 Dan Wile에게 감사를 표하고 싶다. 그는 내가 이 용어를 사용하는 것을 친절하고도 기꺼이 허락했다.

또한 이혼을 고려하는 부부들을 위한 Bill Doherty의 분별 상담(Discernment Counseling)에 대한 추천과 감사를 표하고 싶다. 몇 년 전,

나는 떠날 것인지 아니면 남을 것인지를 고민하는 부부들을 위한 상담 모델을 만들었는데 최근에야 이것이 그의 주요 이론과 얼마나 유사한지 발견했다. 그의 전체 이론이 담긴 Doherty와 Harris의 이혼 직전의 부부 돕기(Helping Couples on the Brink of Divorce: Discernment Counseling for Troubled Relationships)를 강력히 추천한다.

또한 나의 이전 책과 논문에서 썼던 아이디어와 글을 이 책 전반에 걸쳐 활용했다. 이 책은 내 일생의 상담 작업을 반영하며, 나의 경력 전반에 걸쳐 쓴 자료들을 사용했다. 그래서 특히 내 책들의 이전 출판사들에 감사의 마음을 전한다. 출판사들과 책의 이름은 다음과 같다. Norton (Before It's Too Late: Working with Substance Abuse in Families), Basic (Dead Reckoning: A Therapist Confronts his Own Grief ), Guilford (Intimacy, Change and Other Therapeutic Mysteries), Union Square Press (Home Before Dark: A Family Portrait of Cancer and Healing), Routledge (Psy-chotherapists Revealed: Therapists Speak about Self-Disclosure in Therapy)

또한 35년 넘게 내 글을 출판해 온 Psychotherapy Networker가 나의 이전 자료 중 일부를 사용하도록 해주었고, 이에 대해 감사를 표한다.

그리고 나의 글쓰기 멘토들이 없었다면 이 책과 다른 글들의 출판도 불가능했을 것이다. 무엇보다도 1986년 내가 첫 번째 글을 쓸 때부터 지원해 준 Psychotherapy Networker의 Rich Simon이 있었다. 그는 아직도 나에게 글쓰기 방법을 가르쳐 주고 있다. Cindy Barrilleaux는 세 권의 이전 책과 수많은 기사를 집필할 수 있게 도와주었다. 내 개인 편집자인 Candace Johnson은 이 책을 쓸 때 큰 격려와 친절, 확고한 피드백을 상세하게 주어 상당한 도움이 되었다. 내 Routledge 편집자인 Clare Ashworth는 큰 열정과 기술의 지휘봉을 들고 꾸준히 지원해 왔다. 진심으로 감사드린다.

내 아내는 때때로 나를 놀리며 "데이비드를 키우려면 온 마을이 필요해"라고 말한다. 지난 몇 년간 나에게는 수많은 교사, 멘토, 가이드, 상담사들이 있었다. Jeff Schlicter, Robert Klein, Jay Haley, Sal Minuchin, Faye Snider, Barbara Greenspan, Nancy Riemer, 나의 가장 친한 친구 Barry Dym 및 나의 형제 Jim에게 감사하다.

최근 몇 년 동안 Laurie Watt와 Narayan Liebenson에게 지속적인 치유와 영적 여정에 대한 도움을 받았다. 때때로 빙글빙글 맴도는 경향이 있는 이 나이 든 영혼을 무한한 연민과 지혜, 관용으로 대해준 로리와 나라얀에게 특히 감사하다.

연민, 지혜, 관용에 관해 이야기하니 사랑하는 아내 케이트가 생각난다. 우리는 1965년에 프래터니티 파티에서 처음 만나, 저녁 시간 내내 당구대에 나란히 앉아 다리를 흔들면서 이야기를 나누었다. 54년이 지난 지금도 우리는 여전히 나란히 있다. 케이트의 사랑은 내 삶의 중추였다. 그녀는 나를 철저하게 알면서도 사랑한다.

사랑하는 케이트, 당신이라는 선물에 감사하다. 당신은 내 삶을 가능하게 만들었다. 항상, 그리고 모든 방식으로 당신을 사랑할 것이다.

- 트레드웨이

# 프롤로그

지난주 존과 엘렌은 내 상담실에 얼어붙은 채 앉아 있었다. 둘 다 팔짱을 낀 채 자신들의 심장을 보호하고 눈을 내리깔며 슬픔에 잠긴 표정이었다. 그들은 원래 나이보다 훨씬 쇠약해 보였다. 나는 그들을 12년 만에 다시 만난 것이었다.

존은 나를 올려다보며 조용히 말했다. "실수였나 봐요." "무슨 실수요, 존?" 나는 물었다.

"제가 바람을 피우고 별거한 후 다시 함께 살기 위해 당신과 열심히 상담했죠. 어쩌면 그때 우리는 포기했어야 했나 봐요."

엘렌은 울기 시작했다. 그녀는 휴지를 집으며 말했다. "죄송하지만 존의 말이 맞아요. 물론 당신의 잘못은 아니지만, 당신의 도움과 배려가 없었다면 우리는 결코 다시 만날 수 없었을 거예요. 어쩌면 그러면 안 되었나 봐요. 우리를 보세요. 이혼하기엔 너무 늦었고, 같이 살기엔 아직도 늘 서로를 비참하게 만들어요."

그녀는 흐느끼기 시작했고 존도 자신의 눈물을 닦았다. 나도 눈시울이 따가워졌다. 나는 이 둘을 아끼지만, 그들의 결혼 생활이 밉다. 나는 그들이 함께 있도록 돕기 위해 뼈 빠지게 일했었다.

"어쩌면 실수였을지도 모르지요." 나는 슬프게 말했다. "두 분의 말씀이 옳을 수도 있다고 생각하면 가슴이 아파요."

우리는 한동안 말없이 앉아 눈물을 흘리며 함께 슬퍼했다.

그런 다음 나는 부드럽게 말했다. "하지만 당신들은 지금 여기에 있어요. 어쩌면 우리는 함께 사는 것을 좀 더 견딜 수 있게 만드는 방법을 찾을 수도 있을 거예요. 아마도."

"역시, 선생님." 엘렌이 미소를 지으며 말했다. "당신에게 포기란 없지요."

나는 미소를 지었다. "당신 말이 맞아요, 엘렌. 우리 셋 모두 20년 전에 실수를 저질렀을 수도 있죠. 하지만 두 분은 지금 여기 있고 나도 그래요. 표범이 무늬를 바꾸지 않듯이 당신들이 여전히 가끔 서로를 아프게 한다는 것을 알지만, 해보시겠어요?"

"오, 맙소사. 우리가 또 할 게 있다고요?" 존은 특유의 유머러스한 짜증으로 반응했다.

그리고 우리는 새로 시작했다.

나는 봄의 동트기 전의 빛을 받으며 책상에 앉아 있다. 커피를 마시다가 막 현관으로 들어왔는데, 그곳에서 나무 지빠귀의 아름답고 청아한 노래를 들었다. 삶에 대한 사랑과 슬픔으로 마음이 벅차다.

마침내 이 책의 집필을 시작하는데 엘렌과 존 부부와 함께 한, 길고 답답하고 슬픈 상담 이야기로 시작하게 되어 놀랍다. 그러나 바로 그들의 이야기가 이 책의 핵심을 포착한다. 부부가 되는 노력은 정말 어려운 일이고, 성공적인 부부상담사가 되는 노력도 정말 어려운 과정이다. 부부관계에는 단순한 진단 코드나 정형화된 치료계획이 없다. 문제를 잘 정의할 수 없는 경우가 많고 성공적인 결과에 대한 명확한 측정 기준도 없다. 45년 동안 부부상담을 해온 사람으로서 부부상담은 참으로 예술이자 신비로운 실천이라고 확신 있게 말할 수 있다.

남편의 불륜과 음주 문제로 힘든 이혼 위기에 처한 어떤 부부와의 상담에서 극적인 성공이 있었다. 1년의 상담이라는 먼 길을 걸은 끝에 그들은 자신들의 변화된 관계를 "두 번째 결혼"이라고 부를 정도로 발전했다. 남편이 나에게 "두 번째 결혼에 대해 내가 가장 즐거운 점이 무엇인지 아시나요, 선생님?"하며 뿌듯하게 물었던 기억이 난다.

"뭔가요, 마이크?"

"여기서 우리는 완전히 새로운 결혼 생활을 하고 있고 변호사들은 한 푼도 받지 못했다는 거죠!"

마이크 부부보다 존과 엘런과의 상담은 더 많은 헌신이 필요했다. 나는 그들을 하나로 묶는 접착제 같은 존재였다. 그들의 관계가 유지되도록 돕기 위해 그렇게 많은 추가 마일을 갔던 것은 큰 실수였을 지도 모른다. 하지만 그들은 가족을 꾸렸고, 그들을 사랑하고 존경하는 친구들로 이루어진 폭넓은 공동체를 갖고 있었다. 존과 엘런의 사이가 썩 좋지 않았음에도 불구하고 그들 각자는 매우 성공적이었다. 몇 년 전에 헤어졌으면 더 좋았으리라고 누가 확신할 수 있을까?

이혼하는 게 나을 거라고 예상했던 부부가 잘 극복하는 경우를 본 적이 있다. 반면, 힘든 시기만 잘 이겨낸다면 괜찮을 거라고 예상했던 부부가 헤어지는 경우도 봤다.

내 전문적 판단은 임상경험 외에도 개인적 관계 경험, 성별 및 가족 배경에 의해 크게 영향을 받는다. 아내와 나는 최근 결혼 50주년을 맞이했다. 요즘 우리는 과거의 행복했던 시간이나 힘들었던 시간에 대해 그다지 이야기하지 않는다. 우리는 대학생으로서 결혼 생활을 시작한 철부지 어린 부부였다. 처음 10년 동안의 결혼 생활은 매우 어려워서 만약 우리가 조금 더 성숙하고 정서적으로 건강했다면 이혼했을 것이다. 우리는 그저 어려움에 압도되곤 했는데, 아이러니하게도 이 점 덕분에 멋진 결혼 생활로 성장시켰다.

나와 케이트가 덜 친밀한 주에 좀 더 부부들에게 항상 친밀하게 느낄 수는 없다고 안심시키는 내 모습을 발견했다. 성관계 욕구와 빈도는 흥하기도 쇠하기도 하는 것이며, 부부 사이는 친밀감과 거리감 사이를 오가는 것이 정상이라고 말하면 내 결혼 생활에 대해 훨씬 나은 기분을 느낀다. 흠.

이처럼 부부상담사의 개인적 관계 경험은 우리가 인식하고 있는 것보다 내담자의 관계를 보고 판단하는 방식에 많은 영향을 미친다. 우리 자신의 관계 경험에 근거하여 내담자의 문제에 대한 해결책을 홍보하는 경향도 있다. 만약 우리가 어려운 결혼 생활을 계속하고 있다면 내담자에게도 그렇게 하도록 격려하고, 이혼이 효과적이었다면 그렇게 조언할 가능성이 있다. 우리는 부부들의 관계를 이해하기 위해 자신의 개인적 경험에 근거하고, 자신과 내담자에게 같은 질문을 던지며 답을 찾기 위해 고민한다. '충분히 괜찮은' 관계의 기준은 무엇인가?

내 직업의 본질은 결혼 생활을 구조하는 것이 아니라 부부의 각 구성원이 '선택한' 삶을 찾을 수 있도록 돕는 것이라고 믿는다. 관계를 유지하는 데 따르는 복잡성과 타협을 받아들이거나 이혼의 결과와 어려움에 직면하도록 돕는 것이다. 동화 속 해피엔딩인 '두 사람은 영원히 행복하게 살았습니다'의 단순함으로 살아가는 부부는 거의 없다. 하지만 우리는 삶에 책임을 지는 법, 자기 행동의 결과에 직면하는 법, 자신의 길을 선택하는 법을 배울 수 있다.

시인 메리 올리버(Mary Oliver)는 "여름날(The Summer Day)"을 다음과 같은 도전으로 마무리한다. "당신의 자유롭고 귀중한 인생에서 무엇을 할 계획인지 말해보세요." 나의 일은 내가 만나는 사람들이 그 질문에 대한 답을 찾도록 돕는 것이다.

나는 엘런과 존의 전투로 굳어진 관계가 변하도록 돕지 못할 수 있다. 하지만 연민과 친절로 서로를 있는 그대로 조금 더 받아들이고, 각자의 여정이 얼마나 힘들었는지 이해하는 마음을 바탕으로 서로를 용서할 수 있도록 도울 수 있을 것이다.

***

부부들은 과거의 상처, 현재의 비효율적이고 해로운 의사소통, 그리고 미래에 대한 두려움을 갖고 상담실에 온다. 부부 중 한 사람 또는 두 사람 모두 그들의 결혼 생활이 '충분히 괜찮은지'에 대한 불확실성에 시달린다. 그들은 그 관계에 머물러야 할까, 아니면 떠나야 할까?

부부상담은 너무 많은 문제와 너무 부족한 시간으로 인해 쉽게 수렁에 빠질 수 있다. 미해결된 문제가 부정적인 파급을 관계 전반에 뿜어대는 것을 막는 동안, 관계의 일부 영역에서 발전을 이루도록 돕는 것은 쉽지 않다. 세션에서 진전을 이루어도 집에 가는 길에 이전의 상호작용 패턴으로 곧 돌아가는 경우도 많다.

그것이 내가 첫 번째 세션부터 부부가 스스로 앞으로 나아갈 길을 분별하도록 하는 협력적인 임파워먼트식 접근을 사용하는 이유이다. 나는 부부가 세 가지 매우 다른 접근법 중에서 자신에게 가장 적합한 상담 계획을 선택하도록 한다. 정의된 문제를 하나씩 해결하는 동안 다른 문제들은 영향을 끼치지 못하도록 구획화시킨다. 자신들의 저항, 불신, 취약성을 인정하고 견디는 법을 배우면서 긍정적으로 한 단계씩 밟아갈 수 있도록 돕는다.

부부가 실질적이고 지속 가능한 변화를 만들 수 있는지는 세션 사이에 일어난 일들에 의해 결정되는 경우가 많다. 그래서 나는 세션 중에도 세션 사이에도 열심히 과제 활을 하도록 최선을 다해 동기를 강화한다. 가장 성공적인 부부들은 집에서 과제로 준 활동을 통해 성장하고 변화했던 부부들이었다.

부부상담에 있어 '만병통치' 모델은 없다. 나는 다만 45년 동안의 임상 경험 동안 다양한 상황과 문제에 따라 다른 구체적인 접근법들을 축적해 왔다. 모든 상담 모델은 우리가 현재 어디에 있고 어디로 향하고 있는지 알 수 있게 해주는 일반적인 기준점일 뿐이다. 즉, 상담모델은 우리가 자료를 조직하고, 중요한 것을 살펴보고, 반응을 예상하고, 다음에 어떤 단계가 적절한지 파악하는 데 도움을 준다. 내담자, 우리 자신, 상담 과정에 대해 생각하도록 도와주는 체계적인 도구이다. 그러나 실제적인 변화는 우리가 직접 부부에게서 관찰하는 것과 우리가 사용하는 모델을 통합한 결과로 일어난다. 그레고리 베이트슨(Gregory Bateson)이 말했듯이 "지도는 영토가 아니다.(The map is not the territory)."

결국 우리에게 있어 '부부상담 잘하기'의 본질은 부부가 서로의 불편함과 차이를 좀 더 편안하게 받아들이고, 수치심이나 '해야 한다'라는 부담 없이 서로의 마음을 공유하고, 상대방의 마음을 개인적인 비난으로 받아들이지 않고 경청할 수 있도록 돕는 것이다. 부부는 서로의 존재 앞에서 자기 자신에게 진실해지는 법을 배워야 한다. 사과하고 용서하고, 자신과 배우자의 한계와 실패를 공감과 연민으로 포용하는 것이 필요하다. 부부는 평화의 기도(Serenity Prayer)를 실천하는 방법을 배워야 한다. 즉, 바꿀 수 없는 것은 받아들이고, 바꿀 수 있는 것을 바꾸는 용기를 갖고, 그 차이를 아는 지혜를 가져야 한다.

모든 이론과 모델을 고려하고, 모든 기술을 적용한 후 우리가 내담자에게 제공할 수 있는 가장 좋은 것은 깊은 온정으로 내담자가 수치심 없이 갈망, 두려움, 결점 있는 인간성을 공유할 수 있는 양육적 안식처가 되어주는 것이다. 그것이 내담자를 감히 취약해지고 변화의 위험을 감수할 수 있게 해준다.

부부상담사는 완벽한 지식을 갖고 험난한 산길을 따라 내담자보다 앞서 용감하게 행진하는 가이드가 아니다. 물론 우리에게는 피톤, 밧줄, 망치가 있으며 지도와 일기 예보도 있다. 그리고 우리 중 많은 이들이 이전에 직접 등반을 해본 경험도 있다. 이런 경험과 장비가 있다는 것은 좋은 일이다. 그러나 궁극적으로 위험을 공유하고, 그들의 두려움에 부드럽게 반응하고, 그들의 땀에 젖은 손바닥을 붙잡는 우리의 따뜻한 마음이 치유의 선물이다.

부부를 잘 돕는 법을 배우기 위해 가능한 최선의 경로를 찾아 여기에서 저기로 이동하는 평생의 성공과 실수가 필요했다. 여전히 가끔 길을 잃을 때도 있다.

이 책은 내가 부부들과 함께 작업한 이야기이다. 수년간의 시행착오를 통해 얻은 갖가지 지혜들이 포함되어 있다. 부부상담 분야는 진화하고 있다. Gottmans, Sue Johnson, Harville Hendrix 및 Helen Hunt, Esther Perel, Janis Abrams Spring, Bill Doherty, Terry Real, Dick Schwartz 등과 같은 많은 이들이 훌륭한 상담 모델과 기술을 설명했으며 나는 이를 자유롭게 사용했다. 하지만 이 책은 부부상담의 발전 과정을 요약한 책이 아니다. 여러분에게 도움이 되기를 바라는 나의 개인적인 경험과 배움의 산물이다.

'부부상담 잘하기'가 상담사들에게 유용한 가이드, 심지어 일종의 GPS가 되기를 바란다. 무엇보다 나와 같은 길을 가는 모든 부부상담사에게 든든한 동반자가 되기를 바란다. 이 책은 내 평생의 상담이다. 이 책을 여러분과 공유하고 싶다.

## · 제1장 ·

# 오래된 부부가 일반적으로 직면하는 도전들

NORMAL CHALLENGES OF LONG-TERM RELATIONSHIPS

---

조앤이 장황한 불평으로 세션을 시작할 때 로버트는 치과 진료실에서 드릴질을 당하고 있는 것처럼 보였다.

"누가 일을 쉬고 아이들의 학부모 간담회에 갈 차례인지, 누가 장을 볼 차례인지에 대해 씨름하며 시간을 모두 소비해요. 친근한 대화를 나눌 시간이 없어요. 게다가 (로버트를 흘겨보면서) 방과 후 아이를 픽업하는 것을 잊어버리는 남편을 보는 게 최음제는 아녜요."

"잠깐만요, 조앤." 내가 끼어들었다. "부인은 현대 결혼 생활을 잘 묘사하고 계세요. 누가, 언제, 어디서, 어떻게 하는지에 대한 끊임없는 비즈니스 협상이 이어지죠. 현대 부부인 두 분은 두 명의 CEO가 있는 소규모 기업과 같아요. 하버드 경영대학원이 모집하는 종류는 아니지만요. 로버트, 당신도 이런 상황이 매우 실망스러울 거예요."

로버트는 나를 바라보며 체념하듯 어깨를 으쓱했다. "그렇죠. 낭만적인 순간이 많지는 않거든요."

"그것이 바로 우리가 상담에서 다룰 부분이에요." 내가 말했다. "우리는 부부가 업무적인 팀이 되는 것과 친밀하게 돌보는 사랑의 파트너가 되는 것을 잘 구분하는 방법을 찾아야 해요." 그들은 함께 고개를 끄덕였다.

행복한 부부가 되기 위해서는 상당한 노력이 필요하다. 내가 하는 일 중의 하나는 결혼제도에 대한 정책적, 지역 사회적, 종교적, 가족적 지원이 적은 이 시대에, 부부들이 장기간 결혼 생활을 유지하기 위해 겪는 난관을 배우고 받아들이도록 돕는 것이다. 만족스럽고 헌신적인 관계를 유지하는 데 따르는 어려움은 그 어느 시대보다도 크다.

이것은 거시적인 주제이다. 포스트모던 사회에서 부부가 직면하는 문제들과, 관계의 안정성을 높이기 위해 부부가 발달시킬 수 있는 자질과 건강한 습관에 대해 요약해 보겠다.

첫째, 과거 그 어느 때보다 개인들은 가족이나 친구에게서 멀리 떨어져 고립된 상태로 살고 있다. 이는 우리의 광범위한 감정적 욕구를 배우자에게 채우려고 하는 낭만적/관계적 기대의 증가를 가져온다. 우리는 배우자가 연인일 뿐만 아니라 인생의 동반자요, 가장 친한 친구, 그리고 가정의 공동 운영자가 되기를 기대한다. 인류 역사의 대부분을 통틀어 대부분의 결혼 관계는 경제적 합의였고 강렬한 낭만적 애착이나 친밀감에 대한 기대는 매우 적었다. 지금은 결혼이 우리의 거의 모든 정서적 필요를 충족시켜 주기를 바라는 기대가 우리 문화에 스며들어 있다.

둘째, 약 70년 전까지만 해도 성별은 거의 모든 장기적인 관계에 대한 참여 규칙을 정의했다. 역할과 권한의 분배는 성별에 따라 철저히 규정되었으며 의사결정 및 문제 해결 방법도 마찬가지였다. 남성과 여성은 삶의 대부분을 서로가 아닌 동성과 보냈다. 성관계조차도 대부분 보호 수단이었다.

즉, 남성은 신체적, 경제적 안전을 제공하는 대가로 성적 권리를 얻었다.

셋째, 결혼은 대개 자신이 속한 부족이나 문화 집단 내에서 이루어졌다. 대인관계 스타일, 의사소통 방식 및 규범적인 행동은 각각의 배우자들에게 익숙한 것이었으며 기대에 부합했다. 오늘날에는 결혼 선택에 있어서 훨씬 더 많은 민족적, 종교적, 인종적 자유가 있다. 예비 신랑 신부는 결혼에 대해 다른 개념을 가진 다른 문화권 출신일 수 있다. 결혼 초기에 이러한 기대의 차이를 충분히 의식하는 경우는 거의 없다. 따라서 이를 협상하는 예도 거의 없다.

넷째, 지난 40년 동안 성적 지향의 다양성과 성 정체성의 유동성에 대한 수용이 급속히 증가했다. 동성 결혼, 성전환자, 성별에 대해 의문을 제기하는 사람들이 광범위하게 많아지면서 '정상적인' 결혼의 정의에 변화가 생겼다. 여전히 강력한 반발이 존재하지만, 문화가 더욱 포용적으로 다양성을 수용함에 따라 전통적인 관계와 성행동의 규범은 재정의되고 확장되고 있다.

포스트 페미니즘, 다문화, 다원주의 시대가 가져온 변화로 인해 부부 생활의 모든 측면은 끊임없는 협상과 빈번한 갈등의 장이다. 부부는 서로가 가장 친한 친구가 되기를 바라는 동시에 직업, 육아, 집안일, 사회적 및 가족 관계, 친밀감 및 성적 취향에 대해 협상하고 조율해 간다. 위계질서, 참여 규칙, 역할 정의 등 부부만의 개별 문화를 만드는 것은 지치는 활동의 연속이다. 여기에 서로의 모든 친밀감과 성적인 욕구를 충족시키는 원천이 되어야 한다는 사회적 기대가 더해지며 갈등과 실망의 폭풍이 일어난다.

현대의 헌신적인 부부관계에 대한 높은 심리적 부담, 대략 50%에 달하는 이혼율, 부모의 이혼을 경험한 사람들의 증가는 부부들에게 '우리의 결혼생활은 충분히 괜찮은 것인가'라는 의문과 불안을 남긴다. 부부마다 다양한 종류의 문제를 갖고 상담을 오지만, 그 이면에는 과연 그들의 결혼이 가능한 것인지, '다모클레스의 검"과 같은 의문이 있는 경우가 많다.

## 부부 대부분이 직면하는 도전들

행복한 부부(동성애자든 이성애자든)가 되는 것은 장거리 장애물 경주이다. 이 경주에서 능숙해지기 위해서 통과해야 할 어려운 점프들 몇 개를 소개한다.

### 사랑에 빠진 상태에서 "생활에 빠진" 상태로의 이동

신경과학은 인류 초기부터 노래, 시, 예술, 음악에서 이상화되어 온 '사랑에 빠진' 경험이 코카인이나 엑스터시와 같은 약물이 만들어 내는 고조된 희열 상태와 유사하다는 사실을 밝혔다. 뇌의 동일한 부분이 활성화된다. 헬렌 피셔(Helen Fisher)와 다른 신경과학자들은 호르몬 범람으로 인한 흥분 상태가 사랑에 빠지는 느낌으로 이어진다는 연구 결과를 보여주었다. 이 두뇌 상태는 어느 관계에서든지 자연적으로 약 18개월의 유효 기간을 갖는다. 이것은 사람들을 평생의 약속으로 끌어들이는 짧지만 매우 강력한

---

1   옮긴이 주: Sword of Damocles, 언제든지 일어날 수 있는 절박한 위험, 권력자의 긴장과 불안, 행복에 따르는 위험 등을 뜻함. 기원전 4세기 고대 그리스의 신하 다모클레스가 왕의 권력과 부를 부러워하자, 디오니시우스 왕이 그에게 왕좌에 직접 앉아볼 것을 제안함. 이에 기꺼이 왕좌에 앉은 다모클레스는 천장에 달린 한 올의 말총에 매달린 칼이 자신의 머리를 겨냥하고 있는 모습을 보게 됨.

낭만적 애착이다. 종을 영속시키는 데 도움이 되지만 인생의 동반자를 선택하는 데는 판단력을 흐리게 할 수 있다. 나는 내담자들에게 이것을 '자연의 미끼 상술'이라고 소개한다.

커플은 초기에 서로 마음을 열고 나누면서 이전보다 더 많이 이해받고 사랑받는다고 느낀다. 심지어 그들 사이에 무조건적인 사랑이 흐르고 있다고 느끼기도 한다. 그러다가 갑자기 그들의 파트너가 결점투성이의 평범한 인간임을 발견한다. 달콤한 신혼여행이 끝나고 둘의 관계는 생활로 전환된다. 이 시기가 그들이 처음으로 서로에게 상처를 입히고 그 상처에 과잉 반응하는 역기능적인 의사소통이 시작하는 때이다.

아내가 남편에게 "여보, 주 이벤트에 가기 전에 예열을 좀 더 해줘요. 나는 먼저 정서적 유대를 느끼고 싶어요." 그러면 남편은 "난 당신이 내 저돌적인 면을 좋아한다고 생각했는데."라고 대답한다. 이제 경주가 시작된다. 오해를 받은 느낌에 아내는 "나는 당신의 성관계 기술에 대해 비판한 것이 아니라 단지 내 필요를 알려주려고 했을 뿐"이라고 대답한다. 남편은 갑자기 자신이 부족하다고 느낀다. 누가 더 비판하거나 비판받는다고 느끼는지, 누가 지나치게 민감한지를 따지며 갈등이 빠르게 악화한다.

부부는 이 긴장된 상황에 온갖 종류의 반응을 보인다. 논쟁하거나 침묵에 빠진다. 부부 중 한 사람이 비난받아 억울한 감정을 품을 수 있다. 둘 다 혹은 한 사람이 아직 마음이 풀리지 않은 상태에서 키스로 화해하고 괜찮은 척을 할 수도 있다. 결혼 초기에 상처받은 감정을 처리하는 방식은 상담실을 방문하기 전까지 수년간 반복되는 상호작용 패턴으로 종종 굳어진다.

많은 부부가 결혼이라는 일생일대의 헌신을 하기 전에 사랑에 빠지지만, 이러한 낭만적인 불꽃놀이 없이 결혼하는 부부도 있다. 인생에서 정착하기에 적절한 시기이거나 과거의 관계에서 심한 상처를 받았거나, 계획되지 않은 임신 때문이다. 낭만적이고 강렬한 열정으로 시작하지 않은 부부 중 충분히 친밀한 우정을 공유하다가 헌신하는 삶으로 옮겨가며 상실감을 경험하는 이들도 있다. 결혼 초기 부부 한 사람이나 둘 다 눈에 띄는 싸움 없이 조용한 고통을 지니고 살기 시작하는 경우가 많다. 이것은 부부관계의 분리와 실망을 숨기는 까다로운 상호작용 패턴으로 이어진다.

서로 인생 파트너가 되는 방법을 배우는 공통의 문제 외에도 두 사람은 각각 어린 시절의 상처, 실망, 갈망, 그리고 가족이란 어떤 것인지에 대한 기대를 그들의 부부관계로 가져온다. 정서적 혹은 성적으로 학대를 받았거나, 문화적으로 보수적인 가정에서 동성애자 자녀로 자라왔거나, 부모가 이혼했거나, 중독자 부모의 자녀로 살았던 경험은 심각한 상처를 남긴다. 부부는 새롭게 형성한 가족과 친밀한 관계를 형성하면서 원가족의 상처를 치유하기를 희망한다.

결혼 초기에 부부가 서로의 감정을 상하게 하지 않고 자신의 좌절감, 실망, 의심을 직접적으로 표현하고 대화하는 것이 매우 어렵다. 그러다 보니 각자 이러한 감정을 조용히 처리하려는 경향이 생기고, 이는 부부 관계가 깊은 정서적 수준에서 분리될 수 있는 위험을 초래한다. 부부가 호소하는 현재 문제의 대부분은 결혼 초기의 이 과정이 진행된 결과일 수 있다.

부부 대부분이 상처와 실망의 그림자를 갖고 있다. 겉으로 아무리 성공적인 부부처럼 보여도 내면에는 분노가 있을 수 있음을 나는 워크숍에서 다음과 같은 농담으로 표현한다.

"내가 모든 부부를 행복하게 할 수 없겠지만 모든 부부를 불행하게 만들 수는 있을 거예요. 어떤 사례든 제게 주어보세요. 그들이 아무리 행복하다고 하더라도, 한 시간 안에 흔들 수 있어요."

도발적인 과장법이지만, 나의 요점은 집중된 질문을 통해 부부 중 한 사람 또는 두 사람 모두의 마음 구석에 있는 고통, 상처, 심란한 타협, 실망 및 갈망을 드러낼 수 있다는 것이다. 역주: 헨리 데이비드 소로의 저서 월든에서의 인용구

"사람들은 조용한 절망 속에서 살아간다"라는 말은 부부들에게 흔하게 적용된다.

## 둘이 셋이 될 때

부모가 된다는 것은 부부 사이에 특별한 유대감과 잠재적 분열을 동시에 가져온다. 태어난 자녀를 삶에 통합시키는 과제에 부부관계의 우선권을 양도한다. 임신하고 아기를 갖는 것은 결혼 생활의 가장 행복한 시간으로 이상화되지만, 우선순위의 변화에 부부가 적응하기는 어려운 일이다. 그들의 친밀한 생활이 방해받고 서로에게 향하던 애정과 양육적인 행동이 아기에게로 향한다. 수면 부족과 맞벌이 상황, 육아 문제 등을 추가하면 부부관계는 뒷전으로 밀려나다가 완전히 관심 밖으로 사라지곤 하는 게 일반적이다.

부부는 상호 간 협상이나 불평 없이 각자 가능한 최고의 부모가 되기 위해 노력하고 적응한다. 출산과 육아란 아기가 세상에 온 것을 환영하는 귀중하고 매우 기쁜 과정이어야 한다는 기대가 부부 상호 간 육아에 대한 의심과 실망을 공유하지 못하게 한다. 그들은 자신의 어려운 감정을 혼자 해결한다. 이때 발생하는 부부 사이의 힘든 상호작용 패턴은 아직 변화를 따라가지 못하는 부부관계의 근본적인 불안을 의미하고 있는 경우가 많다. 예를 들어, "내 생각엔 당신이 아기에 대해 지나치게 걱정하는 것 같아요. 당신이 하는 일이라곤 모든 사소한 일에 대해 걱정하는 것뿐이에요."라는

말은 "당신은 나에게 전혀 관심을 기울이지 않아요."를 의미할 수 있다. 또는 "한밤중에 아기 기저귀를 갈고 우유를 먹여주는 게 어때요? 한 번이라도 내가 좀 푹 잘 수 있게요"라는 말은 "당신이 날 위해 있지 않는 것 같아요."를 의미할 수도 있다.

## 자녀의 독립

출산과 육아의 맹공격 이후, 부부의 다음 발달 단계는 청소년기와 성인 초기의 자녀 양육을 둘러싼 부부의 긴장이다. 사춘기의 이른 시작, TV 문화, 소셜 미디어, 또래의 압력이 자녀의 자율성과 자유에 대한 욕구 발달을 가속하며 순수한 아동기는 짧아졌다. 부부가 초기 양육 단계의 과제에 따라 부부관계를 조정했다가 자녀의 독립 요구와 빈 둥지 증후군이라는 새로운 도전에 직면할 때 부부는 종종 관계의 위기를 경험한다. 특히 무모하고 반항적인 청소년기 자녀의 양육은 부부가 '엄격함'과 '사랑' 사이의 적합한 균형과 최선의 타협점에 대한 의견 차이가 좁혀지지 않을 때 더욱 삐걱거린다.

오랫동안 해결하지 못한 채 끌고 왔던 부부간의 정서적 성적 친밀감에 대한 문제가 자녀 양육을 둘러싼 의견 충돌의 밑바탕을 이루고 있는 경우가 많다. 단순히 10대 자녀의 통금 시간 문제로 시작된 언쟁이 성적 친밀감 부족, 알코올 남용, 외도 의혹에 관한 큰 싸움으로 쉽게 이어진다.

또한 부부의 이 생애 단계는 개인적으로는 중년의 위기와 맞물려 부가적 갈등, 외도, 결혼 생활을 지속할지에 대한 의심을 심화시킨다. 40대 후반과 50대 초반의 부부는 가족을 하나로 묶어주던 자녀가 독립하면, 앞으로 그들끼리 30년 이상을 함께 사는 것이 의미 있고 가능할지 의심한다. 이혼이 사회적으로 받아들여지는 대안인 만큼, 현대 부부는 "이 결혼이 지금 충분히 괜찮은 걸까?"라는 질문을 자주 한다. 외도나 약물 남용으로 촉발된 위기만큼 많은 부부를 상담실로 이끄는 질문이다. 계속 함께 살아야 할지에 대한 의문으로 매일 관계의 장단점을 평가하며 살아가는 긴장은 배터리 산을 마시는 것처럼 부부관계를 부식시킨다.

## 은퇴와 노화

부부관계의 또 다른 일반적인 위기 지점은 은퇴, 노화 및 건강 문제를 직면하고 해결하기 위한 변화와 재협상이 일어나는 시기이다. 부부 생활의 구조와 각 구성원의 정체성은 수십 년 동안 자녀와 경력이 중심이었다. 이 두 가지 역할을 모두 내려놓는 변화에 적응하는 동안 부부관계는 크게 흔들릴 수 있다. 한 아내는 포춘지 선정 500대 기업의 CEO 자리에서 갓 은퇴한 남편에게 이렇게 말했다. "조지, 내가 40년 동안 설거지를 했는데 한 번만 더 내게 식기 세척기에 그릇을 어떻게 넣어야 하는지 말해보세요. 저 문 밖으로 나가버릴 테니 그때 혼자 마음껏 넣을 수 있을 거예요!" 엄청난 권력 투쟁이 계속되었다.

부부는 이 생애 단계에서 관계, 역할, 기대, 공동 활동과 개인 활동의 거의 모든 측면을 재협상해야 한다.

부부의 각 생애주기는 큰 도전이며 부부가 역기능적인 개인행동과 관계 패턴을 하도록 몰고 가는 기저선의 역할을 한다. 부부가 전문적인 도움을 청할 때는 이미 그들 스스로 관계를 회복하고 개선하기 위해 수많은 시도를 했고, 둘 중 한 사람 또는 둘 다 관계를 지속할지 말지를 결정하는 선택의 갈림길에 처해있는 경우가 대부분이다. 그래서 나는 첫 번째 세션에서 위기와 가능성을 둘 다 언급함으로써 부부를 안심시키려고 노력한다. "아시다시피, 중국어에서 위기라는 단어는 위험과 기회라는 두 글자로 이루어져 있습니다."

## 장기적인 관계로 가는 성공의 열쇠

부부는 결혼을 유지하든 이혼하든 실행가능한 그들만의 길을 찾아야 한다. 나는 수년에 걸쳐 부부관계를 유지할 뿐만 아니라 번영까지 하는 데 이바지하는 요소들을 찾았다. 우리 중 누구도 배우자가 되는 방법에 대해 훈련받지는 않았지만, 상담사로서 해야 하는 일 중 하나는 부부에게 행복하고 만족스러운 관계를 맺는 길을 가르치는 것이다.

나는 상담이 시작되는 순간부터 탄탄한 부부관계의 기반을 구성하는 데 유용한 행동과 태도를 가르친다. 문제를 이해하고 해결하는 것만으로는 충분하지 않다. 좋은 상담의 핵심은 내담자가 부부 문화의 측면 중 습관적으로 일어나는 해롭고 자멸적인 상호작용 패턴을 바꾸는 것이다. 그리고 부부의 자존감과 유능감, 감사와 즐거움을 강화하는 효과적이고 양육적인 상호작용 패턴을 만들어 가는 것이 필수적이다.

나는 부부의 호소 문제와 관계없이 모든 부부상담에 다음의 성공적인 부부관계의 핵심 요소를 통합하여 사용한다.

### (1) 부부는 그들의 관계에 대한 '합리적이고, 균형이 있으며, 공유된 기대'를 만들어 가야 한다.

그들은 각자 다른 원가족 경험, 성역할 및 관계에 대한 다른 경험, 장기적인 부부관계는 보통 어떠해야 하는지에 대한 다른 개념을 갖고 부부관계를 시작한다.

  대부분의 갈등은 근본적으로 다른 기대로 인해 촉발된다. 부부는 그들의 기대가 명시적이고, 협상해야 하는 것이고, 두 사람에게 공정하다고 느껴져야 한다는 사실을 받아들일 필요가 있다. 또한 장기적인 관계를 유지하려면 상당한 노력이 필요하다는 사실도 받아들여야 한다. 실제로 결혼 생활을 시작하는 모든 사람이 갖고 있는 잘못된 기대는 배우자에게 자유롭게 자신을 표현할 수 있어야 한다는 것이다. 이는 사실이 아니다. 커플의 무조건적인 사랑은 '사랑에 빠저' 하나가 된 것 같은 달콤한 망상의 단계를 지나 두 명의 사람으로 되돌아오는 시기에 끝난다. 배우자에게 어떤 영향을 끼칠지에 대한 고려 없이 자신의 감정과 의견을 표현하는 것은 해를 끼칠 수 있다. 상당수의 부부가 친구, 동료 또는 심지어 낯선 사람과 대화할 때는 절대 사용하지 않을 가혹하고 비판적인 방식으로 상대에게 말한다.

  우리는 매우 조심하면서 서로를 대하는 법을 배워야 한다. 우리 모든 인간은 항상 사랑스러울 수 없다. 배우자의 한계를 용인하고 과잉 반응하지 않으면서, 더 나은 자아로 관계하도록 열심히 노력해야 한다.

## (2) 부부는 해결되지 않은 어려운 갈등이 있을 때도 친밀하게 지내는 법을 배워야 한다.

  갈등은 끊임없는 현실이다. 우리는 보통 관계 갈등에 싸움/도피/동결로 반응한다. 부부는 언쟁하며 서로를 더 흥분시키거나(싸움), 서로에게서 멀어지거나(도피), 감정을 차단한다(동결). 이 반응들은 '위축자-추격자'의 춤, '폭발과 화해'의 반복, 또는 '얼굴 보기 힘든 사이'들과 같은 역기능적 관계 패턴을 만든다.

나는 부부에게 서로를 향해 몸을 돌리는 방법을 가르친다. 합의된 규칙에 따라 안전하게 갖는 부부싸움은 팀으로서의 갈등 관리를 가능하게 하고, 더욱 중요하게는 친밀감 유지에 이바지한다. 부부관계의 친밀한 부분과 업무적인 부분을 구분하여, 친구와 연인 같은 친밀감을 유지하면서 업무 관리에서 비롯된 갈등을 별개로 다루는 법을 배워야 한다.

### (3) 부부는 화해하고 용서하는 법을 배워야 한다.

아무리 노력해도 우리는 서로의 마음을 자주 상하게 한다. "미안해요"와 "사과를 받아들여요"는 부부의 의사소통 목록 가운데 "사랑해요"만큼 중요하다. 화해와 용서는 외도, 학대, 중독과 같은 심각한 문제에 대해서 뿐만 아니라 일상적으로 주고받는 상처에 대해서도 해야 한다.

안타깝게도 선의의 의도가 배우자에게 상처를 입히는 것을 막아주지 못한다. 부부 중 한 사람이 감정에 상처를 입으면, 다른 배우자는 정당화하거나 좋은 의도가 있었음을 주장하면서 방어적으로 반응한다. 누가 생각 없이 상처를 줬는지, 누가 너무 예민하고, 누가 유익한 제안을 비난으로 받아들이는지에 대한 논쟁에 너무 자주 빠진다. 그러나 이상하게도 두 사람 모두 옳다. 부부는 능숙하게 피드백을 주는 방법을 배워야 하고, 그 피드백을 덜 비판적으로 받아들이는 법을 배워야 한다.

때때로 부부는 감정을 박제시켜서 배우자의 감정을 상하게 하지 않으려고 상당한 노력을 한다. 예를 들어, 세릴은 톰과의 섹스를 실제로는 좋아하지 않는다고 나에게 털어놓았다. 하지만 그녀에게 사랑스러운 배우자가 된다는 것은 그 이야기를 하지 않음으로써 그의 감정을 상하지 않게 하는 것이었다. 이러한 배려심에 기반한 선택으로 그녀는 자신의 성욕을 충족시키지 않았다. 섹스는 톰에게 서비스를 제공하는 빨래와 같은 자질구레한 일이 되었고, 이로 인한 조용한 분노와 거리감이 생겼다. 이것은 두 사람 모두에게 도미노 효과를 가져왔다. 톰은 셰럴이 자신에게 반해있지도 않고 충분히 매력적이라고 느끼지도 않는다고 여겼고 불안해했다. 결국 섹스가 그녀에게 부담일 거라며 섹스를 시도하지 않게 되었다. 이에 그녀는 죄책감과 아내로서의 실패감을 느꼈다. 그들이 나를 만나러 왔을 때 둘은 슬프고 상처받았으며 전혀 성생활을 하지 않고 있었다. 다만 그들은 다른 방식으로 서로를 민감하게 보살피기 위해 최선을 다하고 있었다.

따라서 부부는 너무 무뚝뚝하거나 지나치게 솔직하거나 비판적으로 서로를 대할 수 있는 것에 대해 주의하면서 상처, 좌절 또는 실망에 대해 논의하고 공감과 연민으로 듣는 법을 배워야 한다. 대부분 부부상담의 핵심 과제는 두 사람이 내면에 가지고 있는 근본적인 고통, 취약함 및 갈망에 대해 안전하고 부드럽게 이야기하는 법을 배우는 것이다.

## (4) 생활적인 측면에서 업무 동료가 되는 동시에 부부로서의 낭만적이고 친밀한 측면을 발전시키는 방법을 찾는 것이 중요하다.

우리 대부분은 서로에게 자연스럽게 사랑이 생기고, 자발적으로 애정을 표현하고 성적으로 흥분하며, 무조건적인 사랑과 수용이 넘치는 관계를 원한다. 그러나 장기적인 관계에는 지속적인 유지 보수를 위한 관리와 노력이 수반된다. 친밀감과 낭만은 뒷배경 속으로 사라지는 경향이 있다. 나는 부부들이 한편으로는 정규적이고 공식적인 업무 회의를 하고 다른 한편으로는 친밀감과 성생활을 위한 시간을 계획하도록 코칭한다.

친밀감과 섹스에 있어서 부부는 알맞은 무드에 있는지, 동일한 수준의 욕구를 가지고 있는지, 로맨틱하게 정서적으로 연결되기 위한 충분한 시간을 갖는지의 문제에 집착하는 경우가 너무 많다. 이는 성적 로맨스를 개시하는 데 있어 불규칙하고 상처를 주는 상호작용 패턴을 만들 수 있다. 부부는 한 주의 리듬에 맞추어 관계의 업무적인 면을 제쳐두고 서로의 정서적, 성적 필요를 위해 시간을 마련하는 예정되고 계획된 시간의 가치를 배워야 한다. 나는 이것을 '노력하는 사랑'이라고 부른다. 기분과 상관없이 낭만적인 시간을 만들기 위한 비낭만적인 계획이 포함된다. 노력하는 사랑에는 부부가 교대로 상대의 필요를 먼저 보살피는 행동 루틴을 매주 계획하는 것도 포함된다. 기분이 좋지 않을 때도 서로를 돌보고, 서로의 필요를 충족시키는 방법을 배우도록 돕는 것은 관계를 유지하기 위해 근본적으로 중요한 측면이다.

## (5) 부부가 상대방과 그들 관계의 부정적인 면보다 긍정적인 면에 더 집중하는 것이 중요하다.

우리 대부분은 배우자가 하는 일에 고마움을 느끼고, 그 사람이 누구인지에 대해 감사를 느끼는 대신, 그들에게 본질적으로 무슨 문제가 있는지와 그들이 어떻게 다르게 행동해야 하는지에 초점을 맞춘다. 우리는 자주 배우자의 존재와 노력을 당연하게 여긴다. 결혼 32년 차 부부가 생각나는데 그 아내는 남편에게 자기를 사랑한다고 가끔 말해달라고 간청했다. 그는 약간 짜증을 내며 '글쎄, 내가 당신과 결혼했잖아, 그럼 된 거 아니야?'라고 대답했다.

## (6) 부부는 부드러움과 동정심을 가지고 서로의 한계와 실패, 취약성을 바라보는 법을 배워야 한다.

상담실에서 내가 부부 각 구성원을 공감과 친절로 담아주는 방식을 부부가 모델링하여 서로를 보고 경험하는 방식에 영향을 미치길 희망한다. 우리 대부분은 어린 시절을 포함한 부부관계 이전에 상처를 입었기에 이미 관계에 대한 불안과 경계심을 갖고 있다. 부부는 배우자의 행동이 종종 자신에게 상처를 주더라도 한 걸음 물러서서 고통받는 상대를 공감과 연민으로 바라볼 필요가 있다. 예를 들어, 나의 결혼 생활 초기에 아내가 이전 관계에서 입은 상처들과 내가 어머니의 자살로 인해 감정이 폐쇄된(shutdown) 점은 친밀감을 삐걱거리게 했다. 우리는 받은 상처로 인해 서로에게 상처를 입힌다. 사랑과 연민으로 서로의 고통을 안아주는 법을 배우는 데는 수년의 노력이 필요했다.

***

부부들이 겪는 도전이나 발달 단계, 성공적인 관계에 기여하는 요소들은 대체로 비슷하다. 그러나 부부마다 상황과 배경이 다르기 때문에, 모든 경우에 적용할 수 있는 부부 되기의 단일 상담 모델은 존재하지 않는다. 부부상담사의 역할은 부부마다 효과적인 방법을 찾아내고 적용하여 돕는 것이다.

우리는 맞춤형 양복장이와 같다. 내담자의 요구 사항과 취향을 파악하고, 주의 깊게 측정하고, 내담자가 스타일과 소재를 선택할 수 있도록 도와주고, 완성된 의상이 잘 맞도록 맞춤 제작한다.

## 제2장

# 협력적인 부부상담의 구조: 첫 세션

CREATING COLLABORATIVE COUPLE THERAPY: FIRST INTERVIEW

---

제인과 사라는 감정적인 언쟁을 많이 하는 레즈비언 부부였다. 상담실에 들어오는 순간부터 비난 게임이 시작되었다.

"그녀를 여기로 끌고 와야만 했어요. 사라는 더 이상 관계 개선에 관심이 없어요." 제인은 자리에 앉기 전부터 호소하기 시작했다.

사라는 눈물을 흘리며 나를 간절히 바라봤다. "보세요, 모든 건 항상 제 잘못이에요."

나는 다른 새로운 내담자들에게 그러하듯이 합류하기 위해 노력했다. 상당한 시간이 걸렸고, 그들에게 말했다. "여기에 오시기까지 감정이 많이 쌓인 듯하세요. 상담을 신청 사유를 논의하기 전에, 잠시 지금 상황을 파악하면서 두 분에 대해 알아갈게요."

내가 일반적으로 첫 세션을 시작하는 질문들은 다음과 같다: 함께 지낸 지 얼마나 되었나요? 결혼하셨나요? 자녀가 있나요? 함께 가장 잘하는 것은 무엇입니까? 당신의 관계는 당신의 부모보다 어떤 점에서 더 좋거나 나쁜가요? 그 문제들이 친밀감에 어떤 영향을 미치나요?

   나는 사라와 제인을 진정시킨 후 이렇게 덧붙였다. "그나저나 혹시 제가 상담 중에 나이가 많은 이성애자 남성으로서 두 젊은 여성에 대해 어리석은 고정관념으로 가정을 하고 있다고 느끼시면 예의를 갖추지 말고 거리낌 없이 말씀해 주세요. 모든 부부는 고유의 문화를 갖고 있고 나는 두 분의 문화에 대해 배우고 싶어요."

   그런 다음 그들이 호소하는 문제에 대해 각자의 버전대로 설명할 시간을 조금 주었다. 그리고 제시된 문제를 바로 작업하기보다는 가능성 있는 메뉴(Menu of Possibilities)라고 부르는 것을 제안했다. 부부상담의 도구 중 초점이 매우 다른 몇 가지 주제를 모은 것이다. "우리는 지금-여기 관점에서 긍정적인 변화를 만들기 위해 노력할 수도 있고, 그동안 쌓아온 상처를 살펴보면서 치유에 집중할 수도 있어요. 또한, 원가족의 역동을 방문하여 그것이 부부관계를 어떻게 형성했는지 살펴볼 수도 있고요. 어떤 메뉴가 두 분에게 가장 좋을지 서로 이야기해 봅시다."

   나는 잠시 멈췄다.

   그들의 침묵이 이어졌다. 머리 기울이면서 낮은 "흠" 소리를 내고, 먼 시선을 던진다. 사라와 제인은 이전에 이런 질문을 받아 본 적이 없었기에 준비된 답변이 없었다. 그들은 갑자기 지금-여기 내 사무실에 있었다. 괘종시계가 똑딱거리는 소리가 들렸다. 나는 기다렸다.

   좋은 침묵이었다.

   부부는 전쟁같이 싸우는 중에 상담을 오는 경우가 많으며, 변호사나 형제자매가 되어 판사나 부모에게 상황을 전달하는 것처럼 말한다. 그들은 논쟁에서 '승리'하기를 원한다. 상담사가 자신의 편에 있기를 원한다. 따라서 그들은 가장 적합한 접근 방식을 찾기 위해 서로 직접 협력하는 대화를 나누도록 초대받았을 때 놀라며 준비되어 있지 않다.

상담 주제에 대한 우선순위를 선택할 수 있는 이 예상치 못한 기회는 부부에게 힘을 실어주는 동시에 긍정적이고 안전한 상담 분위기를 조성하는 효과적인 방법이다. 나는 그들이 자신의 상담을 책임지고, 장단점을 평가하고, 이전에 한 번도 해보지 못한 대화에 참여하고, 협력하는 팀이 되는 연습을 하도록 격려한다. 첫 번째 세션이 끝날 때쯤 부부는 자신들만의 접근 방식을 선택한다. 무엇을 하고 무엇을 나중에 할지 선택하는 과정은 상담에 대한 주인의식을 제공할 뿐만 아니라 함께 의사결정을 내리는 협력적 부부상담의 첫 성공 경험이 될 수 있다. 또한 서로 방해하거나 공격하지 않고 서로의 말을 경청하는 소통을 배울 수 있는 기회도 생긴다. 나는 부부가 함께 초기부터 관계 개선에 있어 효과적인 협력 파트너십을 연습할 수 있도록 한다.

사라와 제인의 세션은 계속되었다.

"그럼, 각 메뉴가 실제로 어떤 모습인지 더 자세히 말씀해 주시겠어요? 좀 혼란스럽네요." 제인이 침묵을 깨며 말했다. 사라도 동감이라는 듯 고개를 끄덕였다.

"그럼요." 내가 말했다.

"마치 제가 토크쇼 진행자처럼 말하게 될 텐데 한 번 들어보세요. 첫 번째 주제는 '오늘이 남은 인생의 첫날'이라고 불러요. 과거부터 누적된 어려움, 상처, 분노, 실패에도 불구하고 부부에게 필요한 기술과 접근 방식으로 새롭게 시작하는 것을 의미해요. 효과적으로 의사소통하고, 갈등을 관리하고, 협상하고, 서로를 양육하고, 친밀감과 성생활을 향상하는 새로운 방법을 배우도록 돕는 데 중점을 두는 방식이에요. 관계 기술을 쌓고, 오래된 문제에 대한 새로운 접근 방식을 배우고, 집에서의 생활을 바꾸는 것이 초점이에요. 부부가 되는 집중 과정을 수강하는 것과 흡사해요. 이 주제를 선택하신 다면, 두 분이 스스로 관계를 개선하는 것을 배울 수 있도록 많은 구체적인 기술을 가르치고 과제를 줄 거예요."

"두 번째 주제는 정반대에요. 이를 '용서와 화해의 프로토콜'이라고 해요. 갈등에 휴전을 선언하는 것으로 시작해요. 관계를 바로 개선하려는 노력하는 대신, 각자 얼마나 상처받았는지 이야기하고, 주의 깊게 듣고, 서로에게 입힌 아픔을 보상하는 데 중점을 두면서, 두 사람이 공존할 수 있도록 돕는 거예요. 놓아주고 용서하는 방법을 배워요. 오래된 싸움을 똑같이 다시 하지 않도록요. 이는 부부관계의 전체 역사에 걸쳐 입힌 상처를 치유하기 위해 안전하고 친절한 방법을 사용하는 매우 구조화된 방식이에요. 부부들은 서로에게 상처를 주는 과정을 끝없이 재생하다가 제 상담실에 와요. 많은 부부는 관계를 개선하기 전에 이미 일어난 엄청난 상처, 분노, 슬픔, 실망을 처리할 방법이 필요해요."

"세 번째 주제는 원가족이에요. 과거로 더 멀리 되돌아가서 두 분이 성장해 온 가족의 문화가 여러분에게 미친 영향부터 시작하는 것이에요. 우리 대부분은 성인으로서 갖는 관계들에 대한 기대와 열망이 있어요. 이러한 바람은 원가족 속에서 겪어온 상황들과 어려움에 의해 어느 정도 형성돼요. 과거로 돌아가서 어린 시절의 경험이 이 관계에 어떻게 영향을 미쳤는지 더 잘 이해하면 부부관계를 처음부터 분열시켰을 수 있는 차이점을 훨씬 더 잘 이해하고 수용할 수 있게 돼요. 우리는 어린 시절의 상처를 부부관계에 가져오며, 이 사랑이 어린 시절의 상처를 치유할 수 있기를 갈망해요. 게다가 우리의 동성애 혐오 문화 때문에, 자신과 가족, 그리고 세상에 '커밍아웃'하는 경험이 상처가 되는 경우가 많으며, 같은 상처가 부부관계를 포함한 성인 관계에서도 나타나요."

"앗, 죄송해요. 제가 두 분의 경험에 대해 전문가인 것처럼 말하고 있군요."

"걱정하지 마세요, 트레드웨이 선생님. 많이 노력하고 계신 것을 알아요." 사라는 친절한 미소를 지으며 말했다.

"고마워요." 미소를 지으며 이야기하는 동안, 제인이 웃고 있지 않는 것을 발견했다.

"어쨌든, 지금은 두 분을 너무 많은 정보로 압도하고 싶지는 않아요. 여기서 핵심은 많은 부부상담이 이 세 가지 주제, 즉 변화를 시도하고, 과거의 불신과 상처를 다루고, 어린 시절의 가족 역동이 부부관계에 미치는 영향을 살펴보는 것들을 동시에 하려고 하다가 허둥댄다는 거예요. 제 요점은 한 번에 한 가지에만 집중하고 나머지 문제는 옆 선반에 대기시키는 거예요."

"언젠가는 이 모든 주제를 해야 하지 않나요?" 제인은 매우 회의적인 어조로 저항하는 듯했다.

"매우 맞는 말씀이에요, 제인." 그녀를 설득할 기회를 고맙게 여기며 대답했다. "많은 부부가 이 세 가지 주제를 모두 선택해요. 우리는 무엇부터 시작할지 순서를 고르는 거라고 보시면 돼요. 어떤 부부는 한 단계를 성공적으로 마치고 나서 다른 단계들은 밟을 필요성을 느끼지 못하기도 해요."

"제가 말을 많이 했어요. 이제 저는 조용히 할 테니 두 분께서 어떤 접근 방식이 가장 마음에 드는지 서로 이야기해 보세요. 틀리거나 맞는 답은 없어요. 제 경험에 따르면 부부가 무엇을 선택하든 그들에게 옳은 답이었어요."

침묵이 계속되었다.

"흠, 난 네가 뭘 원하는지 알아." 제인이 사라에게 날카롭게 말했다.

사라의 몸이 굳어졌다.

"제인, 당신 추측이 맞을 수 있어요." 내가 끼어들었다. "하지만 당신이 원하는 것을 이야기하는 것으로 시작하는 게 어때요?"

나는 그들의 오랜 부부 갈등 패턴인, 제인은 비난하고 사라는 무기력하게 방어하는 방식에 빠지지 않도록 이 대화 초반에 부드럽게 방향을 전환했다.

제인은 잠시 멈추고 나에게 약간 짜증이 난 듯한 표정을 짓더니 말했다.

"내 생각엔 우린 지금부터 변화를 시작해야 할 것 같아. 이제 정말 지겹고 지쳤어. 말만 하는 것이 아니라 행동을 보고 싶어."

사라는 눈물이 터질 것처럼 보였다.

나는 다시 끼어들었다. 그들의 힘든 감정을 인정하면서도 이 대화에 긍정적인 분위기를 조성하기 위한 개입을 했다.

"사라, 제인의 말이 약간 날이 서 있지만 괜찮아요. 제인은 분명히 오랫동안의 거절감으로 깊게 상처를 받아서 그런 것일 거예요. 당신이 무엇을 원하는지 말할 수 있어요. 이에 대해 제인이 약간의 상처를 입거나 심지어 화가 좀 나도 괜찮아요." 나는 사라에게 말하고 있었지만 실제로는 제인에게 간접적으로 이야기하고 있었다. 제인이 자리에 앉아 긴장을 조금씩 풀고, 화난 표정도 슬픈 표정으로 바뀌는 것을 보면서 나는 안도했다.

곧 제인은 정말 슬프고 연약한 모습으로 "네가 더 이상 나를 사랑하지 않는 것 같아."라고 말했다.

"그건 사실이 아니야." 사라가 대답했다. "나는 네가 나에게 항상 화가 나 있는 것 같은 느낌이 들어."

"사라, 제인의 말이 사실이 아닌 것처럼 느껴지지만 제인은 지금 많은 연약함을 보여주고 있어요. 그리고 당신도 사랑받는다고 느껴지지 않는 경우가 많을 것 같고요."

"사실이에요." 사라가 한숨을 쉬며 말했다.

대화는 계속되었다. 사라는 제인의 추측대로 원가족 탐색을 제안했다. 사라는 성적 지향 때문에 보수적인 가족으로부터 수치심, 비난, 거부를 당한 무거운 짐이 있었고, 이것이 제인과의 편안한 성관계를 방해하는 양가감정과 불안을 형성했음이 명확해졌다. 제인은 이것을 사라가 육체관계를 피하는 변명으로 보는 경향이 있었고, 사라에 대한 공감이 부족하다는 것이 명확해졌다. 갑자기 우리는 부부의 핵심 상처에 도달했다.

첫 번째 세션에서 종종 부부는 그들이 아직 다룰 수 있는 수준보다 더 깊고 연약한 자료를 드러낸다. 나는 부부가 첫 번째 세션에서 말한 내용에 대해 서로 비난하다가 잠재적으로 두 번째 상담에 오지 않는 '집으로 차를 타고 돌아가는 시간'의 위험을 알고 있다. 나는 종종 수련생들에게 '첫 번째 세션의 유일한 실제 목표는 두 번째 세션을 갖는 것'이라고 말한다.

그래서 제인과 사라가 그들의 핵심 상처와 '비난 게임'에 빠져들게 두는 대신, 그들 각자를 정서적으로 안아주고 인정해 주는 개입을 했다.

"이 논의는 두 분 모두에게 힘든 것 같아요. 제인, 당신은 사라가 제시하는 원가족 주제를 실질적인 관계 개선을 회피하려는 수단으로 느껴요."

"맞습니다, 선생님." 제인이 끼어들었다.

"사라, 당신이 누구인지(성적 지향)에 대한 가족의 분노와 거절의 아픔을 여전히 짊어지고 있어요. 이로 인해 제인의 상처와 분노에 적절히 반응해

주지 못해요."

사라는 고개를 끄덕이며 휴지를 향해 손을 뻗었다.

"사라, 여전히 두 분에게 영향을 미치고 있는 매우 고통스러운 트라우마를 지니고 계세요. 거기에 집중하기 전에 서로에 대한 감정이 나아질 수 있도록 긍정적인 변화를 만들어 보는 것도 도움이 될 수 있어요. 제인, 사라와 변화를 만드는 데 진전을 이루고 있다고 느낀다면, 차후 원가족 주제에 대해 사라와 훨씬 더 많은 공감과 연민으로 이야기할 수 있을 거예요."

둘 다 고개를 끄덕였다.

후유, 안도하며 말했다. "그러면 이제 관계 개선을 위해 새로운 기술을 배우는 것에 대해 어떤 마음이 드는지 이야기해 봅시다."

나는 제인에게 유리한 방향으로 안내했다. 비록 그 순간이 사라와 동등하지 않았더라도 제인과 라포를 맺어야 했기 때문이다. 다음 상담에 올지를 결정할 가능성이 제인에게 있다고 판단했다. 상담 전반적으로 부부가 둘 다 상담사에게 동등한 공감과 보살핌을 받는 것이 중요하지만 매 순간 항상 50대 50일 필요는 없다.

제인과 사라는 마침내 첫 번째 주제인, 의사소통, 의사결정, 보살핌 기술의 개선을 위해 노력하기로 했다. 나는 그들이 어려운 감정, 분노, 심지어 불신을 여전히 지닌 상태에서 행동을 변화하는 과정을 준비시키기 위해 최선을 다했다.

나는 또한 그들에게 자신에게 가장 적합한 상담 빈도와 기간에 대해 생각해 보라고 권유했다. 상담사는 내담자에게 맞는 접근 이론뿐만 아니라 그들의 일과와도 어울리는 상담 구조를 만드는 게 좋다. 나는 내담자에게 상담의 빈도와 기간을 선택할 수 있는 기회를 제공하는 편이다. 일부 내담자의 경우 낮은 빈도로 오랫동안 만나는 것이 훨씬 더 효과적이다. 집중적인 주말 워크숍이나 정기 상담 세션 사이의 짧은 전화 세션도 있다. 모든 경우에 적합하게 적용되는 일률적인 치료 모델은 없으며, 빈도와 기간도 마찬가지다.

제인과 사라는 2주 후에 오기로 했다. 그들은 정기 상담의 빈도를 줄이고 세션 사이에 전화 세션을 갖는 것이 좋겠다고 말했다. 그들은 조금 덜 긴장하고 거리감을 다소 줄인 상태로 상담실을 떠났다. 문으로 향하는 제인의 작별 인사는 "흠, 생각했던 것보다는 괜찮았어."였고, 사라는 조금 안도한 표정을 지었다. 좋은 출발이다.

## 제3장

# 노력하는 사랑:
# 지금-여기에서의 행동 변화

EXORTFUL LOVE: BEHAVIORAL CHANGE IN THE HERE AND NOW

---

"그에게 원했던 것은 내게 꽃을 사 오는 것뿐이었어요. 정말 난 30년 동안 어머니의 날, 생일, 밸런타인데이, 크리스마스에 한 번도 받아본 적이 없어요." 수잔은 첫 세션 내내 반복해서 불평했다.

그래서 세션이 종료될 무렵 나는 다소 가볍게 존에게 다음 회기 전까지 그녀에게 꽃을 선물해 보라고 제안했다. 그리고 그는 그렇게 했다.

그런데 아내는 그 꽃을 그에게 던지며 소리를 질렀다. "자, 당신이 그렇게 좋아하는 상담사에게나 갖다줘! 그는 한 번만 말했는데 꽃을 사 오다니!"

부부가 상담에서 '오늘이 남은 인생의 첫날'이라는 행동 변화 주제를 선택하면, 의사소통·협상·갈등 관리 기술에 대해 작업할지, 양육적이고 성적인 친밀감을 작업할지를 결정한다. '오늘이 남은 인생의 첫날'은 내가 부부상담에 인지 행동 치료적 접근을 접목하여 개발한 다면적이고 독특한 방식이다. 이 방식에 대해 지금부터 총 네 장에 걸쳐 소개할 것이다.

서로 관계를 맺는 새로운 기술을 배워갈 때 새로운 행동 변화가 반드시 그들을 즉각적으로 더 기분 좋게, 더 가깝고, 더 안전하게 만드는 것은 아니라는 점을 이해시키고 돕는 것이 중요하다. 꽃을 던진 수잔처럼 부부는 행동 변화를 할 수 있을 때도 새로운 행동을 신뢰하고 수용하는 데 어려움을 겪는다.

나는 부부가 수년 동안 실망, 불신, 좌절을 쌓아오며 사용하던 의사소통의 방식을 바꾸기가 몹시 어려울 수 있음을 이해시키기 위해 이 '꽃' 일화를 이야기한다. 배우자에게 좋은 감정이 없고 서로 거리감이 있는 상태에서 행동 변화를 시도하기는 매우 어렵다. 부부는 그럴 기분이 들지 않아도 일관된 노력을 기울이는 법을 배워야 한다. 또한 그 노력이 비자발적 형태인 상담 과제로 주어진 의무라더라도 사랑의 행동으로 받아들이는 법을 배워야 한다. 새로운 행동에 대한 동기의 순수성을 의심하기보다 배우자가 기울이는 노력을 음미하기를 권장한다.

이것이 지난 장에서 소개한 '노력하는 사랑'의 일부이다. 부부는 자발적이고 자연스럽게 일어나는 사랑의 행동을 갈망하지만, 노력하는 사랑의 수고야말로 결혼 관계에서 두 사람을 하나로 묶는 접착제이다. 때때로 배우자는 "하지만 나는 그가 크리스마스 쇼핑을 돕는 것만으로는 충분하지 않아요. 그가 돕고 싶어 하면 좋겠어요."라고 말한다.

그러면 나는 "성공적인 부부가 되기 위한 이 프로젝트에서 우리는 직업적 자아를 사용해야 해요"라고 말한다. 예를 들면, 나는 오전 8시의 내담자들에게 장난기 가득한 미소로 이렇게 말한다. "두 분은 제가 이 시간에 정말로 제가 여러분을 만나기 원한다고 생각하시나요? 저는 사실 위층에서 커피 한 잔과 뉴욕타임스를 들고 침대에 있고 싶어요." 그들은 대체로 깜짝 놀라면서 요점을 이해한다.

　부부가 내 상담실에서 변화를 주제로 토론하기보다 그들이 실제로 집에서 변할 수 있도록 돕는 것이 상담사의 과제이다. 부부는 습관과 패턴에 의해 지배된다. 부부는 우리 세션에서 깊은 통찰이나 심오한 감정, 카타르시스를 발견하고 표현하기도 하지만 집으로 차를 타고 돌아갈 때, 예전에 관계 맺던 습관으로 종종 후퇴한다. 굉장한 돌파구가 있었던 세션의 여운이 귀가 시간까지 지속되지 못하는 경우가 많다.

　부부가 과제를 잘 수행할 수 있도록 도와주는 것이 '노력하는 사랑'의 심장이다. 상담사 대부분은 부부가 과제를 하도록 하기가 매우 어렵다는 것을 경험했다. 효과적인 과제에 대해 논의하기 전에 내담자의 과제 수행에 관한 난관들을 먼저 살펴보겠다.

## 과제 동기부여

　로빈과 짐 부부가 내 상담실 들어와 소파에 앉은 모습은 교무실에 끌려온 아이들 같았다. 그들은 세션 사이 동안 집에서 할 수 있는 활동 과제들을 하겠다는 약속을 계속 지키지 못하고 있었다. 이에 대해 서로를 비난하거나 방어하지는 않았지만 부부상담을 위한 자신들의 역할을 또 다하지 않았다는 사실에 실망했다.

　"들어주세요." 나는 미소를 지으며 말했다. "과제를 하기 위해 고군분투하는 부부는 당신들만이 아니에요. 과제를 하는 이유 중 하나는 일상적인 행동을 여러분 스스로 바꾸는 법을 배우기 위한 것이에요. 아내와 저도 수십 년 동안 과제를 해오고 있고 이것은 우리의 관계를 개선하는 데 정말 효과적이었어요. 문제는 그것들을 할 시간을 찾을 수 없는 경우가 자주 있어요. 제가 당근과 채찍으로 과제를 할 수 있게 돕는 것은 어떠세요?"

그들은 흥미를 보였다.

"이렇게 하는 겁니다." 나는 계속했다.

"약속대로 과제를 하시면 다음 세션을 무료로 진행할게요. 그것은 당근이며 상담 효과도 더 좋아지는 보너스도 있는 셈이죠. 하지만, 과제를 하지 않으면 다음 상담비 외에도 제가 좋아하는 자선 단체에 같은 금액을 기부하셔야 해요. 그것은 채찍이에요. 그리고 분명히 말씀드리는데, 두 분의 실패로 인한 이득을 원하지 않기에 제가 개인적으로 받지는 않을 거예요."

로빈은 즉시 짐을 돌아보며 외쳤다. "무료 상담이래! 해보자!" 그리고 실제로 그들은 해냈다. 이후에 많은 변화가 뒤따랐다. 그들의 첫 노력은 재미있는 뇌물의 결과였지만 이후 계속해서 과제를 하였고 이에 따라 그들의 관계도 계속해서 개선되었기 때문에 기뻤다.

실제로 집에서 과제를 한 내담자들은 하지 않은 부부들보다 효과적인 의사소통 방식과 애정 표현, 지지 표현을 더 많이 한다는 보고를 지속적으로 해왔다. 의사소통 과제는 일반적으로 서로의 말을 더 주의 깊게 경청하도록 이끈다. 신체 애정 활동 과제는 자발적인 애정 표현을 가능하게 한다. 부부가 집에서 수행하는 노력으로 이루는 행동과 상호작용의 변화는 부부로서의 유능감과 자존감, 배우자와 부부관계에 대한 긍정적인 감정을 증진시킨다. 과제 수행은 협력적 부부상담에서 성공적인 상담 예후를 알리는 독보적인 변수이다.

그러나 경력의 대부분 동안 나도 과제가 부부상담의 첫 번째 우선순위가 아니라 부차적인 것으로서 세션 사이에 몇 개 해오도록 제안하는 정도였다.

나는 세션이 끝날 때 몇 가지 아이디어를 제시했고, 부부들은 자주 그것을 하지 않았고, 때로는 나도 내가 제안한 것을 기억하지 못했다. 나는 부부가 과제를 하도록 동기를 부여하는 데 능숙하지 않았다. 그리고 부부가 과제를 해 오지 않았을 때, 그들의 변명을 듣고 꾸중하는 학교 교장이 되는 것 같은 느낌을 견디면서 세션을 시작하기를 꺼렸다. 여러 면에서 나는 내 내담자들처럼 과제를 다루는 문제에 저항했고, 과제를 강조하는 것에 대한 반감 때문에 부부가 과제를 수행하기 어려운 이유와 과제의 중요성을 볼 수 없었다.

## 과제를 하기 어려운 이유

부부들은 과제를 하기 어려운 이유가 시간 압박 때문이라고 말하지만, "시간이 없다"는 핑계 아래에는 더 까다로운 문제가 있다. 부부가 상담실에 방문할 때는 깊은 양가감정, 상처, 불신, 때로는 분노를 지닌 채 공존하고 기능할 수 있는 상호작용의 패턴이 배어있다. 부부는 지금까지 관계를 개선하기 위해 큰 노력을 기울이는 동안 상담 과제 비슷한 것들을 이미 해보았고 반복적으로 실패했다고 느낀다.

과제 수행을 하지 않는 것을 문제나 저항으로 분류하는 대신, 그들의 어려운 감정을 안전하게 탐색하고, 변화에 대한 어려움을 정상화하고, 그들이 할 수 있고 하고 싶은 숙제를 선택할 기회로 보는 것이 좋다. 과제 수행의 어려움을 탐색하는 것은 부부가 서로를 비난하기보다 자기 행동에 책임을 지도록 도울 수 있게 해준다.

이러한 이점을 깨달은 후 나는 부부가 과제를 상담의 우선순위로 둘 수 있도록 최선을 다해 격려한다. 과제 동기부여에 성공했는지 확인하기 위해 아래의 6P를 사용한다.

- 준비 (Preparation)
- 계획 (Planning)
- 연습 (Practicing)
- 처리 (Processing)
- 끈질긴 격려 (Pushing)
- 지속 (Perpetuating)

### 준비 (Preparation)

관계 기술을 습득하는 행동주의 방식을 선택한 부부에게는 처음부터 집에서 수행할 활동 과제가 어떻게 성공의 핵심 역할을 하는지 설명한다. 나는 부부가 집에서 과제를 수행하면서 관계에 대한 역량과 자신감을 쌓기 위해 노력하기를 기대하기 때문에, 상담 세션을 매주 잡지 않는다고 설명한다. 과제 수행이 성공의 열쇠임을 명백하게 말한다.

### 계획 (Planning)

나는 단순히 특정 과제를 하라고 지시하지 않는다. 부부 스스로 아이디어를 만들거나 활동 중에서 선택하도록 한다. 무엇을 결정하든 선택은 협력적으로 이루어져야 한다. 모두에게 적합한 과제란 존재하지 않는다. 중요한 것은 부부가 과제를 선택하고 계획하는 과정 동안 더 많이 협력할수록 책임감과 투자의식을 더 많이 느낀다는 것이다.

나는 부부에게 상담 약속을 지키는 것과 과제 수행에 생활의 우선순위를 두도록 요구한다. 이는 분주한 일상에서 큰 도전이 될 수 있다. 일주일에 두 번 15분밖에 걸리지 않는 의사소통 연습과 같은 작은 과제도 일정을 만들고 실천하기가 버겁다. 따라서 각 배우자는 그러한 노력을 우선순위로 두겠다는 헌신을 할 필요가 있다.

부부 각 구성원이 자기 행동에 책임을 지도록 하는 것은 성공적인 부부상담의 핵심이며 상담의 효과를 배가시킨다.

## 연습 (Practicing)

과제의 성공적인 수행을 위해서는 상담 시간에 부부가 상담사에게 코칭을 받으면서 연습하는 것이 중요하다. 상담사의 개입 없이 스스로 연습하면서 주인의식과 유능감을 높일 수 있도록 상담실에서 나오기도 한다.

예를 들어, 친밀감과 성생활 주제를 다룰 때 '사랑의 손가락, 아프고 화난 감정들'이라는 활동을 연습한다고 해보자. 부부가 번갈아 가며 가볍게 어깨 마사지를 해주는 동안 나는 그들의 상처, 저항, 분노, 불신 등의 감정을 경험하도록 촉진한다. 이것은 부부가 복잡한 감정 덩어리가 있음을 인정하면서 서로 사랑스럽게 만지는 법을 배우도록 한다. 나는 부부가 어렵고 불편한 감정을 갖도록 허용하면서 서로를 포옹하고 이러한 접촉의 힘을 경험할 수 있도록 상담실 밖으로 먼저 나가면서 세션을 마무리하기도 한다. 물론 부부(또는 한 쪽 배우자)가 이 작업을 수행할 준비가 되지 않았다고 느낄 수도 있다. 이때 나는 거절할 수 있는 것의 중요성을 언급하고 진행 속도를 조정한다.

## 처리 (Processing)

나는 항상 부부와 과제의 어떤 측면이 효과가 있었고 어떤 측면이 효과가 없었는지 토론함으로써 세션을 시작한다. 과제와 관련한 자기 행동을 책임지도록 하면 패턴이 깨지고 저항이 드러나며 비난 게임이 중단된다. 한 배우자는 과제에 순응적인 반면, 다른 배우자는 저항하는 경우, 나는 저항하는 배우자의 몰입적인 참여를 방해하는 감정에 애정 어린 호기심(판단이나 비난이 아닌)을 가진다. 이는 저항 이면에 있는 내담자의 근본적인 고통과 취약함에 접근할 수 있게 해준다.

부부가 과제를 수행하지만, 마음에 들지 않거나 도움이 되지 않았다고 보고할 때가 있다. 상담사는 이러한 피드백을 환영하면서, 부부가 유용함을 느낄 수 있는 과제를 세심하게 재탐색할 수 있어야 한다. 강조하건대 성공적인 과제 활동은 부부와 상담사가 한 팀으로서 이루는 협력적인 창조를 통해 만들어진다.

## 끈질긴 격려 (Pushing)

나는 뼈를 씹는 개처럼 집요하게 과제 수행을 격려한다. 과제를 적어가도록 하거나 과제를 설명하는 이메일을 보낸다. 과제 관련한 질문이 있거나 수행에 문제가 있다면 전화나 이메일로 연락하라고 한다. 로빈과 짐 부부와 같이 스스로 과제를 시작하는 것을 어려워하는 부부에게는 인센티브나 페널티를 제공하기도 한다. 부부가 합의한 과제를 할 수 있을 때까지 상담을 잠시 쉬는 것을 권장하기도 한다.

## 지속 (Perpetuating)

나는 작년 12월에 결혼 50주년을 맞았다. 나는 오랜 결혼 기간 내내 내담자에게 내는 여러 과제들을 우리 부부가 수년 동안 직접 수행하도록 만든, 우리 부부의 가차 없는 상담사였다. 그런데 내가 내담자에게 설교하는 대로 우리는 항상 과제 수행을 최우선 순위로 삼았는가? 아니다. 우리는 그 활동들이 매우 효과적임을 알고 있음에도 불구하고 종종 잊고 무시하다가 다시 헌신하기를 반복했다. 명상과 신체 운동과 같은 모든 자기 수양 활동이 그렇듯이 집에서 과제를 지속해서 수행하기는 어렵다. 따라서 부부상담이 성공적으로 종결을 향해 가고 있고 부부의 과제 수행 정도가 안정적일 때, 점진적으로 세션의 간격을 넓히면서 지속적인 과제 수행을 격려한다. 상담 종결을 앞두고, 일 년에 한두 번의 세션을 계획하면서 과제 수행에 실패할 가능성에 대비하고, 그럴 땐 어떻게 하면 정상 궤도로 돌아갈 수 있을지 의논한다. 부부는 유지 보수가 필요하다는 것을 대체로 받아들인다.

부부는 종종 성공적인 관계를 만드는 것의 핵심은 '끝없는 노력'이라는 진실을 받아들이기 어려워한다. 부부상담의 성공은 치료적 돌파구, 극적인 통찰, 보상과 용서에 관한 것만이 아니다. 아름다운 정원을 가꾸는 것처럼 수십 년 동안 매일 잡초를 뽑고 영양분을 공급하여 노동의 열매를 즐기는 것이다. 상담사는 부부가 상담을 종결하고도 오랫동안 노력해야 한다는 진실을 받아들이고 실천하도록 도와야 한다.

# 제4장

# 내담자를 위한
# 효과적인 과제 정하기

HOMEWORK THAT WORKS WELL FOR MY CLIENTS

---

"짐이 토요일에 한 시간 동안은 제 사랑의 노예가 되었으면 좋겠어요." 칼라가 눈을 반짝이며 말했다.

화들짝 놀란 짐은 호기심이 가득해졌다.

"짐, 진정해." 칼라는 짐을 놀리고 있었다. "나는 변태적인 것을 말하는 게 아니에요." 그녀는 나를 보며 말했다. "짐이 나를 위해 해주길 바라는 것은 거실에 있는 가구를 옮겨서 우리가 재배치할 게 있는지 확인하는 것을 도와주는 거예요. 짐은 나보다 키가 훨씬 커요. 높은 선반들의 먼지를 털어주고, 그가 치우겠다고 말만 하는 침대 옆에 있는 큰 책더미를 치워주길 원해요. 한 시간 정도 걸릴 것 같아요."

"짐, 어떻게 생각하세요? 아내는 이것이 매우 화끈한 일이라고 생각하는 것 같아요." 나는 칼라의 농담에 장단을 맞추며 말했다.

"아내가 원하는 건 무엇이든지요, 선생님. 할 수 있어요."

이것이 '부드러운 사랑의 보살핌'이라고 불리는 활동이다. 부부가 의사소통 및 행동 개선 주제를 선택하는 경우, 상담 초기부터 바로 시도할 수 있는 다음의 네 가지 활동 중 하나이다.

도전이 될 수 있는 내용을 포함하여 예제를 통해 각 과제를 상세하게 소개하겠다. 나는 의사소통에 대한 두 가지 방법, 안전한 갈등 관리 방법, 협상 기술, 그리고 위의 예시로 언급한 부드러운 보살핌에 관한 활동을 제안한다.

부부가 직접 과제 활동을 선택하는 것이 성공의 열쇠이며 적은 분량이 더 효과적이다. 나는 부부에게 두세 가지 선택사항을 주지만, 현실적으로 할 수 있다고 확신하는 만큼만 선택할 것을 강력히 권장한다. 하나의 과제를 꾸준히 잘하는 것이 여러 개를 시도하고 실패하는 것보다 훨씬 더 효과적이다.

## 말하기/듣기 활동

많은 부부상담사는 1950년대 칼 로저스가 만든 적극적 경청의 형식을 활용한다. 이 모델은 1970년대에 부모 양육 훈련의 핵심 요소로 발전했으며, 특히 1990년대에 하빌 헨드릭스와 헬렌 헌트가 개발한 이마고 부부상담 모델에 의해 부부상담 분야에서도 대중화되었다.

하지만 내가 적극적인 경청으로 부부를 돕는 방식은 다른 모델들과 사뭇 다르다. 나는 조심스럽게 말하는 것(예를 들어, '나 전달법' 사용)이나 공감하는 경청을 강조하지 않는다. 그보다 대화에 계속 집중하고 자신의 반응을 통제할 수 있도록 배우자의 말을 정확하게 반영하도록 돕는 것에 초점을 둔다.

다음은 내가 부부에게 주는 자료이다. 우리는 먼저 활동에 대해 논의하고 연습한다.

## 공식적 말하기/듣기 활동의 규칙

한 사람이 15분 동안 하고 싶은 이야기를 한다. 일 이 분마다 청자 역할을 하는 배우자는 화자 역할의 배우자가 말하는 내용에 자신의 판단이나 반박, 기타 논평, 심지어 긍정적인 논평도 일절 덧붙이지 말고, 가능한 한 정확하게 반영하여 말한다. 청자는 이야기를 듣는 동안 생길 수 있는 반발감을 가능한 한 통제한다. 화자는 청자가 요점을 놓치고 있다고 느끼면 청자를 바로잡을 수 있다.

일주일에 최소 24시간의 간격을 두고 15분씩 두 번을 연습해야 한다. 말하기/듣기 활동할 때가 아니라면 화자가 말한 내용을 언급하지 않는다.

이러한 의사소통 연습은 의사결정이나 문제 해결 기술이 아니다. 단순하게 서로 어렵고 취약한 감정을 안전한 방식으로 논의할 수 있도록 고안된 것이다. 이 활동의 중요성을 그 순간에 배우자에게 더 가깝다고 느꼈는지로 판단하지 말아야 한다. 보통 그렇지 않을 것이다.

***

케이티와 빌은 행동 변화와 의사소통 기술 구축에 관심이 많았기에 바로 말하기/듣기 활동을 시작했다.

"이 활동은 청자가 화자의 말을 정확하게 듣고 나서 화자가 한 말 그대로 화자에게 들려주는 방식이에요. 사람들은 타인의 말을 자신이 나름대로 바꾸어 들려주면서 이해하고 있음을 보여주려고 해요. 이 활동은 그런 의사소통과 달라요. 단지 배우자의 말을 거울처럼 정확하게 반영하는 데 집중하는 거예요. 그러면 우리는 방어적인 반응을 덜 경험해요. 듣고 있는 도중 어떤 부분은 끼어들어 반박하고 싶을 때도 있지만 넘기고 계속해서 잘 듣도록 도와줘요."

"배우자의 말에 계속 초점을 두면서 반영해 주는 것은 명상할 때 호흡에 주의를 기울이는 것과 비슷해요. 우리는 살아오면서 타인이 우리의 말을 아주 신중하게 경청해 주는 것을 경험한 적이 거의 없어요. 우리가 했던 말이 배우자를 통해 우리에게 되돌아오는 것을 들으면서, 우리는 우리가 말하고자 하는 의도에 맞게 제대로 말하고 있는지 진정으로 생각할 기회를 얻게 돼요."

"두 분이 감을 잡을 수 있도록 직접 실습을 한번 해봅시다. 두 분은 각자 논의할 주제를 하나씩 생각해 보세요. 심각한 것일 필요는 없어요. 이것은 연습일 뿐이에요. 두 번째 화자가 첫 번째 화자가 한 말에 대응하는 방식으로 진행하지 않을 거예요. 하나의 대화를 만드는 것이 아니에요. 두 분은 각자 자신이 말하고 싶은 것을 말하는 것이에요. 우리는 두 개의 개별 독백으로 시작합니다."

둘은 한동안 조용히 있었다. 케이티가 불쑥 말했다. "빌, 당신이 먼저 해. 집에서는 내가 말을 많이 하는 편이잖아."

우리는 머뭇거리는 빌을 바라보았다. "해보실래요, 빌?" 나는 부드럽게 물었다. "꼭 심각한 주제일 필요는 없어요."

"아내는 내가 하는 말들에서 늘 문제점을 찾아요."

빌의 말에 나는 갑자기 선택의 갈림길에 섰다. 빌의 말에 담긴 고통스러운 감정으로 들어가야 하는가, 이 활동에 초점을 두어야 하는가. 나는 부부가 어려운 감정에 압도당하지 않고 이를 조절하도록 돕는 것이 중요하다고 여기기 때문에, 이 활동을 계속하도록 격려했다.

"그래요, 빌. 당신은 그와 관련한 감정에 대해 그녀에게 이야기하기로 선택할 수 있어요. 케이티, 설명해 드린 활동 규칙에 따라 반영해 주세요. 그리고 집에서 남편이 상담 도중에 한 말을 갖고 곤란하게 하면 안 돼요." 나는 미소를 지으며 말했다.

"네, 집에서 언급하지 않을게요." 그녀는 마지못해 말했다.

"좋아요, 케이티. 당신이 말하고 싶은 주제도 준비되었나요?" 그녀는 고개를 끄덕였다.

"좋아요, 빌. 시작해 보세요." 빌은 자리에서 불편하게 몸을 움직이며 나를 바라보았다.

"아내를 보면서 시작하세요. 그리고 케이티, 남편이 하는 말에 언제 반영하는지 알려줄게요. 처음에는 상당히 이상하게 느껴질 거예요."

빌이 말하기 시작했다. "난 정말 우리의 관계가 잘 풀리길 바라지만, 당신은 항상 나에게 실망하는 것 같아. 내가 당신의 기대에 늘 부응하지 못하는 것처럼 느껴지고, 당신은 항상 나에게 좌절감을 느끼고 있는 것 같아. 그리고,"

"잠깐만요, 빌. 더 이야기하면 양이 많아져요. 케이티, 반영해 주세요"

그녀는 조용히 머뭇거리다가 말하기 시작했다. "당신은 우리의 관계가 좋아지길 원하지만 내가 항상 당신에게 실망해 있다고 말했어요. 그리고 내가 당신을 충분하지 않다고 여기고 있고 내가 늘 당신에게 화가 나 있다고 말했어요."

"훌륭해요, 케이티. 빌은 '화'가 아니라 '좌절'이라고 말했지만 대부분 정확했어요." 나는 빌을 바라보았다. "계속해요, 빌. 좋은 출발이에요."

***

이렇게 우리는 말하기/듣기 활동을 시작했다. 이 활동의 본질은 부부가 두 사람의 관계에서 자신의 감정을 위한 공간이 있을 수 있다는 것을 경험하게 하는 것이다. 화자는 굳이 '나' 중심의 언어로 말하도록 요청받지 않고, 비판적이고 심하게 들릴 수 있더라도, 마음에서 나오는 대로 말하도록 요청받는다. 우리 중에 누구도 비판을 쉽게 들을 수 있는 사람은 없다. 공격받는다고 느낄 때 생기는 반발감을 억제하고 내부에 담아두는 법을 배우는 기술이다. 24시간 간격을 두는 것의 가치는 부부가 일상생활을 하는 동안 이러한 담아두기를 실천할 수 있도록 하는 데 있다.

이 활동이 너무 공격적으로 느껴지는 부부에게는 관계가 아닌 삶의 다른 부분에 관한 주제를 이야기하도록 권장한다.

이 활동을 상당히 심각한 주제에 바로 활용할 준비가 되어있는 부부의 경우, 이 활동의 힘이 얼마나 강력한지 전달하기 위해 나의 부부관계에서 있었던 꽤 극적인 이야기를 들려주기도 한다. 내 내담자들은 나의 결혼 생활에 대한 자기개방에 대개 흥미를 느낀다. 자기개방을 통해 발견하는 상담사의 인간적인 면은 매우 유용할 수 있다.

나는 케이티와 빌 부부와의 세션이 끝날 무렵 말했다. "제 결혼 생활에서 이 활동을 어떻게 활용했는지 좀 과장된 이야기를 들려드릴까요?"

케이티와 빌은 동시에 고개를 끄덕였다.

"아내와 나는 여러분에게 제공하는 대부분의 활동을 직접 해요. 하지만 다른 부부들과 마찬가지로 우리도 연습에 어려움을 겪어요. 제가 여기서 설교하는 내용을 실천하지 않고 몇 달이 지나갈 때도 있어요."

"자녀들이 어렸을 때 아내와 나는 자녀의 생활에 신앙 훈련과 교회 생활을 포함하는 법에 대한 의견 차이로 갈등이 많았어요. 우리는 갈등을 제대로 관리하지 못했고 말다툼, 침묵, 정서적 거리로 대응했어요."

"결국 저는 '여보, 이 일에 대해 말하기/듣기 활동을 해야 할 것 같아'라고 말했어요. 그러자 아내는 '엿이나 먹어'라고 말했죠."

빌과 케이티가 웃었다.

"네, 상담사와의 결혼 생활이 쉬운 것이 아니에요. 어쨌든, 아내는 마지못해 동의했고, 그녀가 먼저 화자 역할을 했어요."

"저는 이 활동을 전형적으로 차분하고 자애로운 상담사의 모습으로 했을까요? 물론 아니었죠. 저는 동요하고 긴장했어요. 내 눈은 작은 단춧구멍만 해졌고, 어금니를 꽉 깨물고, 너무 불안해서 세게 무릎을 움켜쥐고 있었죠. 아내는 나의 분노를 알아챘고 그녀도 제게 화가 나 있었어요."

"우리는 말하기/듣기를 시작했고 곧 나는 그녀에게 다음과 같은 피드백을 주어야 했어요. '당신은 내가 나르시시스트라고 생각해 왔고 내가 우리 자녀의 안녕을 희생할 정도로 이기적인 것에 충격을 받은 상황이에요. 제가 잘 이해했나요?'"

"그녀는 '맞아요!'라고 대답했고 14분 동안 이야기를 더 이어갔어요. 알람이 울리고 그날의 연습이 끝났어요."

"내가 반응하려면 24시간을 기다려야 했어요. 나는 계속 시계를 확인하면서 그녀가 들을 차례가 오기만을 기다렸어요. 우리는 마치 어두운 밤에 흔들리며 떠 있는 작은 배들 같았어요."

"물론 나는 24시간 후에 그녀의 등에 15분의 문신을 했어요. 내가 화를 내면서 그녀의 말에 귀를 기울인 것처럼 그녀는 완벽하게 내 말을 들어주었어요."

"요컨대 우리는 언쟁을 계속하지 않고 멈추었어요. 우리는 여전히 동의하지 않았지만 서로의 마음을 완전히 들은 거죠."

"다음 날 우리는 주방에서 식료품을 정리하는 평범한 집안일을 하고 있었어요. 분위기는 거의 정상적이었어요. 아내는 웃으며 마지못한 말투로 '우리 그거 하길 잘한 것 같네'라고 말했어요."

"말하기/듣기를 하는 동안은 얻은 게 전혀 없었기 때문에 웃었어요. 그러나 나는 '있잖아. 우리끼리는 해결할 수 없어. 도움을 받자.'라고 말했고 아내는 동의했어요."

"그리고 다음 날 밤 여전히 큰 갈등이 있었지만, 함께 영화를 보러 갈 수 있었어요. 우리는 감정을 공유하고 규칙에 따라 신중하게 대화했으며 비동의를 인정한 다음 행동 계획을 세웠어요. 그 금요일 밤 우리는 서로의 손을 잡았어요."

"우리가 그럴 준비가 되었는지는 모르겠어요. 선생님." 조금 놀란 표정을 지은 빌이 말했다.

"네, 알아요. 이것은 극적인 예에요. 아내와 나는 이 결혼을 50년 동안 이어왔어요. 저를 믿으세요. 그것은 습득한 기술에요. 덜 성공적인 이야기도 많이 있지만 오늘은 이 정도가 좋겠어요."

\*\*\*

이 활동에 대해 내가 정말 좋아하는 부분은 부부가 엄청난 감정의 휘발성에 휩쓸리지 않고, 딱딱하게 굳은 서로의 불일치를 담을 수 있게 한다는 것이다. 이렇게 안전하게 반대하고 불평하는 방법은 찻주전자의 호루라기 역할을 한다. 압력 상승의 위험이 있기 전에 정기적으로 증기를 날려버릴 수 있다. 양육 갈등이 있던 케이트와 내가 이 활동을 몇 달 더 일찍 시작했다면 좀 더 갈등 기간이 줄었을 것이다. 부부가 정기적으로 이 대화를 하는 것은 갈등을 처리하기 위한 프로토콜을 가지고 협력하는 것이며, 부부의 유능감을 강화한다. 분열을 일으키는 문제를 함께 상대하는 방법을 배우고 성공적인 팀이라는 감각을 강화한다. 그리고 배우자가 진정으로 자기 말을 듣고 관심을 기울인다고 느낄 때, 그들은 불평으로 날카로워진 순간을 부드럽고 친밀한 감정 공유로 이동시키는 경향이 있다. 예를 들면 자녀 중 한 명과 단절되었다고 느끼는 슬픔이나 그들이 그저 직장동료 같은 느낌이 드는 것, 늙고 병들고 죽는 것에 대한 두려움을 공유하는 것으로 나아간다.

어떤 부부는 '신성한 경청'이라고 부르는 말하기/듣기 의식을 만들었다. 뉴잉글랜드의 수많은 해변에서 직접 모은 돌들로 원형을 만든 다음, 두 개의 편안한 베개를 그 중앙에 놓고, 부부는 손을 잡고 그 성스러운 침묵 속으로 걸어 들어가서 말하기/듣기 활동을 한다.

나는 많은 상담사가 사용하는 복잡하고 더 상호작용이 많은 대화보다는 이 여유롭고 단순한 말하기/듣기 활동으로 시작한다. 그러나 일단 부부가 이 형식을 체득하고 집에서 성공적으로 수행하는 단계에 이르면 많은 유용한 변형들이 있다. 다음이 그 예시들이다.

 (1) 대화형 말하기/듣기: 한 사람이 3~5분 동안 이야기하고 다른 사람은 적극적으로 경청한 다음, 역할을 바꾸어 두 번째 화자인 배우자는 무엇이든 자유롭게 말할 수 있다. 두 번째 화자는 첫 번째 화자가 말했던 것에 대해 대답하거나 완전히 다른 주제로 시작할 수 있다. 의사소통은 누구의 의

제로 대화하는지에 대해 은밀하게 경쟁하는 미묘한 권력 투쟁인 면도 있다. 자신의 시간을 원하는 주제로 사용할 수 있도록 함으로써 대화의 자유로움을 더한다. 보통 각자 세 차례씩 하기로 동의한다. 18분의 주고받음이 끝나면 적어도 24시간 동안 그 대화를 계속하지 않는다.

(2) 공감적으로 요약하기: 말하기/듣기가 끝날 때 청자는 자신이 들은 내용을 요약하고 배우자에 대한 공감과 이해를 표현한다. 이것은 쉽지 않지만, 상대에게 어렵거나 반응적인 감정이 있는 동안에도 공감과 이해를 적절히 표현하는 방법을 연습한다.

(3) 자발적인 말하기/듣기: 부부가 말하기/듣기에 능숙해지면 한 배우자가 공식적인 말하기/듣기(24시간 간격으로 15분씩 번갈아 하기)를 요청하거나 즉석에서 시간을 정해 말하기/듣기를 요청할 수 있다. 이 방법은 갈등을 미리 방지할 수 있다.

(4) 향상된 경청: 말하기/듣기를 사용하는 부부는 평소 대화에서도 서로의 말을 더 잘 듣고 있다고 보고한다. 결국 이것이 활동의 요점이다.

## 타임아웃 규칙

대부분의 부부상담사는 일종의 타임아웃 규칙으로 격렬한 논쟁을 멈추는 방법을 가지고 있다. 그러나 타임아웃으로 침묵을 요청받은 사람은 갈등을 멈추려는 사람에게 통제되거나 버림받았다고 느끼기 때문에 효과를 내지 못하는 경우가 많다. 나는 복싱 선수들을 떼어놓으려는 경기 심판처럼 행동함으로써 수많은 실패를 경험했다. 부부 스스로 이 규칙을 수행하기가 어려운 것은 당연하다.

그러나 나는 최근 몇 년 동안 효과적인 타임아웃 규칙을 만들었다. 이는 어려운 작업이긴 하다.

다음은 내가 이 규칙을 부부에게 하는 설명하는 말이다.

"한 사람이 갈등이 고조되는 것을 막고 싶다면 배우자에게 타임아웃을 '요청'할 수 있습니다. 배우자는 요청받은 것을 '주어야' 하고, 대신 요청한 사람은 12시간 이내에 배우자에게 돌아와서 '시간을 주어서 고마워. 마지막으로 하고 싶은 말을 할래?'라고 말합니다. 그러면 배우자는 5분의 추가적인 말하기/듣기 시간을 얻어 마무리를 지을 수 있고 당신은 적극적으로 듣습니다. 이에 반박하며 다시 싸움을 시작할 수 없고, 반응하고 싶다면 공식적인 말하기/듣기 시간을 기다립니다."

이 기법은 타임아웃이 요청되고 받아들여지기에 잘 작동된다. 요청받은 사람은 생각을 마무리 짓도록 요청한 사람이 직접 대화를 재개해 준다는 것에서 존중받는다고 느낀다. 이 방법은 갈등을 종식하는 과정을 호혜적이고 협력적인 노력으로 만든다.

타임아웃의 실패는 요청했던 사람이 감사한 마음으로 요청을 수락한 배우자에게 마지막 말을 할 수 있도록 돌아와서 제의하는 것을 기억하지 못하거나 잊어버릴 때 일어난다. 상호 호혜적인 의사를 표현하지 않는다면 모든 노력은 수플레가 땅에 떨어지는 것처럼 허무하게 무너진다.

그러나 어떤 부부의 경우 갈등 동안 느껴지는 두려움과 공황으로 인해 싸움이 극렬할 때 시도하는 타임아웃 규칙은 통제받고 버림받는다는 경험을 하게 한다. 한 아내는 이를 "그는 규칙을 이용해 제게 재갈을 물려요."라고 표현했다.

부부의 두 구성원 모두 점진적 근육 이완법(심호흡과 동시에 근육들을 수축하고 이완시키기)이나 일련의 요가 자세, 명상 만트라를 활용하여 자신을 진정시키는 것이 매우 중요하다.

매우 반발적이고 불안정한 일부 부부의 경우 강렬한 감정을 능숙하게 관리하는 방법을 배우지 않는 한 타임아웃 규칙이 적절하지 않다. 세션에서 자기 진정 기술을 배워서 각성 상태가 아닐 때 집에서 연습하면, 완전히 동요된 투쟁-도피 감정 상태가 될 때 이 기술을 사용할 수 있다.

부부들은 내가 내주는 과제에 대한 멋진 변형을 발명한다. 예를 들어, 벤과 샘 부부는 나에게 "당신의 과제가 우리에게 잘 맞지 않아서, 삼진 후 퇴장 규칙을 추가했어요. 이것은 우리에게 잘 맞았어요. 5분 타임아웃을 하고 한 번 더 할 수 있어요. 필요한 경우 여기에 한 번 더 해요. 이렇게 총 3번을 15분 동안 시도해도 충분하지 않으면 당신의 타임아웃 규칙을 따라요. 12시간을 기다린 다음 마무리 생각을 전달하는 것이요. 어때요, 선생님? 다른 부부들에게 사용하셔도 돼요." 그리고 나는 그렇게 했다.

## '비즈니스는 비즈니스이다'

둘 중 누가 무엇을 언제 누구와 하는지에 대한 역할 구분이 모호한 현대 부부가 된다는 것은 삶의 거의 모든 측면에서 끊임없는 협상을 하도록 만든다. 이는 부부 대부분이 갈망하는 친밀감, 섹시함, 로맨스의 불꽃을 잠재울 수 있다. 따라서 부부가 잘 협상하고, 함께 결정을 내리고, 사랑과 배려의 시험으로 오용되지 않는 공정한 타협을 배워야 한다. 나는 이 협상 과정을 '비즈니스는 비즈니스이다'라고 부르며 부부들에게 소개한다. "작은 사업체를 운영하듯이 하세요. 공정하게 업무를 대하듯 처리하고 개인적인 문제로 받아들이지 마세요. 이것은 두 분의 사랑이나 관계에 대한 시험이 아니에요."

나는 그들에게 업무 회의를 하는 방법에 대한 몇 가지 기본 개념을 가르친다. 여기에는 합의된 의제, 시간제한 준수, 교대로 진행, 동의에 대해 명확히 하고 종료하기, 누가 무엇을 언제까지 할 것인지 등이 포함된다. 또한 의사결정을 내릴 때 다음 유인물을 사용하도록 권장한다.

## 의사결정 프로토콜

(1) 결정해야 할 주제를 선택한다. 주제는 내용의 심각도에 따라 오늘 밤에 집에 있을 것인지 외출할 것인지와 같은 작은 문제부터 여름 방학이나 휴일을 어떻게 보낼 것인지와 같은 중간 수준의 문제, 자녀를 갖는 것, 이직 또는 집 구매와 같은 큰 문제까지 다양할 수 있다. 나는 보통 부부가 아주 작은 문제부터 먼저 연습하도록 권장한다.

(2) 배우자가 원할 수 있는 것을 제쳐놓고 자신의 필요와 욕구를 먼저 생각하게 한다. 나는 이것을 '처음엔 이기적으로 생각하기'라고 부른다. 일반적으로 부부 중 한 사람은 자신의 필요를 명시하지 않고 합리적인 타협처럼 보이는 것을 제시하는 경향이 있다. 이런 경우에 이미 타협안으로 시작했기 때문에 더 타협하는 것은 공정하지 않다고 느끼고 협상을 계속 진행하기 어렵다.

(3) 자신이 바라는 것을 말하기/듣기 형식으로 이유와 함께 표현한다. 배우자는 적극적으로 경청한 다음 상대의 요구사항과 이유를 반영하여 말한다. 화자였던 배우자에게 대답하거나 반박하는 것은 자제한다.

두 사람의 바람이 초반에 얼마나 차이 나는지는 중요하지 않다. 타협이 이루어졌을 때 각자의 요구가 얼마나 반영되었는지 볼 수 있도록 본래의 요구사항을 완전히 보여주는 것이 매우 중요하다.

(4) 짧은 시간 동안(사소한 이슈이고 불과 몇 분일지라도) 떨어져서 배우자가 제안한 내용에 대해 숙고한다. 두 입장에 대한 공정한 타협안이 될 만한 것을 각자 도출한다.

(5) 그런 다음 다시 만나 각자가 만든 타협안을 소개한다. 그 두 가지 안을 두 사람 모두에게 적합한 하이브리드 타협안으로 발전시킬 수 있는지 확인한다.

(6) 어떤 타협안이든 한편으로 기울어져 있는 것이 보통이기에 이 지점에서 정체되는 일이 많다. 누가 양보할지 정할 수 없다면 잠시 멈추고 자신의 방식대로 타협하는 것이 얼마나 중요한지 0~10점 척도로 평가한다. 척도 평가는 보통 한 배우자가 다른 배우자보다 그 주제에 대해 훨씬 더 많이 신경 쓰고 있음을 보여준다. 다른 배우자가 더 수월하고 관대하게 허용하는 공을 인정받게 한다. 예를 들어, 마니가 자신의 방식대로 하는데 9점의 중요도를 보여주었고, 해리가 5점의 중요도를 보여주었다면, 해리가 마니에게 '선물하기'를 할 수 있는지 대한 논의의 여지가 생긴다. 마니는 선물 받는 느낌을 받게 되고 해리는 이에 대한 마니의 감사를 받을 수 있다. 대체로 한 사람이 자신의 타협안대로 하는 것을 더 중요하게 생각한다. 이 점을 선물 주고받기로 사용하는 것이 척도 평가의 핵심이다.

(7) 몇 가지 명백한 타협 방식이 있다. 확실히 선물하기는 부부의 문제 해결에 매우 효과적이다. 선물하기는 승패나 옳고 그름의 논쟁을 기반으로 하지 않고, 관대함과 감사를 바탕으로 한다. 부부 모두가 똑같이 강하게 중

요하다고 느낄 때 '호의 주고받기'나 '타협안 번갈아 시행하기'를 할 수 있다. 한 명이 특정 주제에 대해 양보하고 동등한 수준의 다른 주제에 대해서는 배우자가 양보하는 것이다. 예를 들면, 다음 토요일 밤에 외출하는 것에 동의하는 전제로 이번 토요일 밤에는 집에서 휴식하는 것이다.

***

다음은 의사결정 도구를 사용하는 예이다. 피터의 음주 문제로 갈등이 있던 피터와 엘렌 부부는 피터가 만든 안전하고 책임감 있는 알코올 사용 기준을 따르기로 해보고, 그러고도 엘렌이 불편함을 계속 경험한다면, 다음 세션에서 피터가 기꺼이 엘렌과 함께 알코올 사용 규칙을 새로 만들 것을 협상했다.

다소 가볍게 보일 수 있는 동전 던지기도 좋은 방법이다. 실제로 결정을 내리는 과정이 결정 내용보다 관계에 더 많은 해를 끼칠 때가 많다. 부부가 동전 던지기와 같은 임의적인 것으로 상대의 의견에 따르는 것을 연습하는 것은 교대로 하기의 중요성과 자신이 원하는 대로 되지 않는 것을 용인하는 법을 가르친다. 사소한 결정에 있어서 매우 유용한 방식이다.

자신들의 타임아웃 규칙을 만들었던 벤과 샘 부부는 누가 결정을 내리고 있는지를 점수로 기록하는 '득점 기록하기'라는 것을 고안했다. 강박적으로 50대 50으로까지 공평하기 위한 목적이 아니라, 서로 친근함을 잃지 않으면서 공정한 균형을 추적하기 위함이었다.

마지막으로 제안하는 것은 내가 아내와 자녀의 종교적 양육을 결정하는 갈등에 전문적 도움을 받았듯이 매우 중요하고 민감한 주제에 대해서는 상담이나 제삼자의 중재를 받는 것이 유익하다.

이러한 의사결정 도구들은 부부가 협상 능력에 대한 유능감과 자신감을 느끼도록 도와준다. 협상은 현대 부부 생활에서 끊임없이 일어나는 활동이기 때문에 능숙해지면 협력적인 파트너십 능력과 부부의 자긍심을 크게 강화한다.

## 부드러운 사랑의 보살핌

우리는 영장류의 그루밍 행동을 통해서 양육 받을 필요가 어린 시기에 국한된 것이 아닐 수 있다는 것을 볼 수 있다. 우리 모두 성인의 삶을 사는 동안에도 관심, 양육, 보살핌이 필요하다. 부부들은 너무 바빠서 서로에게 전적인 관심을 쏟거나 돌보지 못하는 경우가 많다. 나는 부부들이 의사소통, 섹스, 애정 또는 정서적 지지를 번갈아 주고받는 것을 생활의 우선순위로 삼도록 가르친다. 나는 그것을 '한 번에 한 사람에게 관심 주기'라고 부른다.

매우 바쁜 의사였던 아내와 나는 밤마다 각자의 하루가 얼마나 힘들었는지 설명하는 마감 경쟁을 하곤 했다. 분명히 우리는 서로의 관심을 끌기 위해 경쟁하고 있었지만 지치기만 했고 듣는 사람은 없는 징징거림의 늪에 빠지곤 했다. 10년이 지난 후(변화는 느릴 수 있음) 우리 중 한 사람이 "번갈아 하는 게 어떨까?"라고 말했다. 그래서 그녀의 밤인 월요일 밤이 되었을 때, 나는 가장 적극적이고 전문적이며 배려하는 태도로 나타나서 "여보, 당신의 하루에 대해 모두 말해줘요."라고 말할 수 있었다. 화요일 밤에 그녀는 나를 위해 똑같이 할 것이기 때문에 더욱 신경을 썼다. 우리는 환자의 말을 집중해서 잘 듣는 착한 의사 선생님 역할을 하면서 사랑스러운 관심을 가득 받는 느낌을 즐길 수 있었다. 누군가 요술 지팡이를 휘두르는 것 같이 우리 하루의 끝은 사나운 다툼을 뒤로하고 달콤하고 부드러워졌다.

우리 모두 보살핌을 받아야 하고 때때로 관계에서 자신이 특별하다고 느낄 수 있어야 한다. 너무 자주 우리의 존재와 노력은 인정받지 못하고 당연하게 여겨진다. 아래의 '선물하기' 활동은 부부가 매주 약간의 시간을 내어 배우자에게 부드러운 사랑의 보살핌을 제공하는 방법이다. 다음은 이 활동에 대한 유인물이다.

(1) 각 배우자는 자신이 받고 싶은 특별한 선물을 제안하고 그것을 받을 수 있는 시간을 논의한다.

(2) 선물은 침대에서 아침 식사 대접하기, 등 마사지, 특정 집안일, 특정 호의 등과 같이 행동적이고 시간제한이 있는 것이어야 한다.

(3) 둘 중 누구도 선물을 주거나 받을 '기분'이어야 하는 것은 없다. 최선을 다해 주고받는 연습을 한다.

(4) 주는 사람은 감사받을 것을 기대하지 않고 주고, 받는 사람은 주는 사람의 기분이 괜찮은지 확인하지 않는다.

(5) 이 활동을 성적인 선물로 적용하기 전에 충분히 연습하는 시간을 갖는다(성적 선물은 고급 과정임).

***

부부는 상호 간 구체적인 행동의 선물을 명확하게 협상하는 법을 배운다. 배우자에게 더 친절해지기를 요구할 수 없다. 15분 동안 등을 마사지해달라고 요청받았을 때 배우자에게 매일 아이들을 학교에 데려다 줄 것을 요구할 수 없다. 부부는 아이디어를 만들어 내는 데 약간의 어려움을 겪기도 하지만 여성이 남성보다 훨씬 빨리 목록을 만드는 경향이 있다(성관계를 논

외로 하는 경우).

    배우자는 거절할 수 있기에 일단 실행가능한 어떤 선물이든 골라볼 수 있다. 언제부터 내가 "'Yes'로 가는 길은 'No'의 마을에서 시작된다"라고 말하기 시작했는지, 기억나지 않을 정도로 오래되었다. 'Yes'를 제대로 말하기 위해서는 'No'를 잘 말하고 받아주는 법을 배우는 것이 상당히 중요하다.

    나는 빌과 케이티에게 이 활동을 소개했을 때처럼, 내담자들에게 다른 부부가 만든 아이디어들도 예시로 제공한다.

    "식이요법 중이던 한 남편은 아내에게 버터와 사워크림을 듬뿍 뿌린 스테이크와 구운 감자를 요리해 달라고 부탁했어요. 처음에 그녀는 건강상의 이유로 머뭇거리다가 왜 이것이 그에게 선물처럼 느껴질 수 있는지 이해했죠. 간헐적인 부탁이라면 해줄 수 있다고 판단했어요. 또 다른 예는 남편에게 일주일에 어느 날 밤 30분 일찍 잠자리에 들어 자신이 가장 좋아했던 어린 시절 책인 '비밀의 정원'을 큰 소리로 읽어 달라고 부탁한 아내가 있었어요. 그리고 남편은 아내에게 거품 목욕물을 만들어 머리를 감아달라고 다소 수줍게 요청했지요. 정말 다정한 행동이죠. 한 남편은 아이디어를 만드는 데 꽤 고심했어요. 그는 마침내 아내에게 맥주, 슬리퍼, 신문, TV 리모컨을 들고 일주일 중 하루 퇴근 시 문 앞에서 그를 맞이해 달라고 부탁했어요. 그는 가족을 만나기 전 한 시간 동안 TV 실에서 시간을 보낼 수 있었어요. 처음에 아내는 화를 내며 '장난하냐? 여기에 관계를 개선하기 위해 노력하러 왔는데 혼자 TV를 보고 싶으냐?'라고 말했지만, 곧 진정했어요. '당신이 그것을 선물로 인식하고 나에게도 내가 원하는 것을 줄 수 있으면 (그녀와 함께 한 시간 동안 정원을 가꾸기) 할 수 있어'라고 말했고, 그녀는 이행했어요. 그리고 그것은 그에게 정말로 의미 있는 선물이었어요."

    "그러면 빌과 케이트 님, 두 분은 이번 주에 어떤 선물을 받고 싶으세요?"

***

아내와 나는 수년 동안 이 모든 아이디어와 활동 과제를 직접 수행했다 ('연습'보다 '설교'가 훨씬 더 쉽다는 것을 깨달았다). 내가 생명을 위협하는 암으로 투병하고 있을 때 우리의 노력이 정말 결실을 본 시점이 있었다.

나는 암과 항암치료로 무척 아팠던 긴 오후를 끝내고 레드삭스 경기를 관람하고 있었다. 퇴근한 아내는 갑자기 나와 같은 종류의 암으로 죽어가는 환자와의 만남에 대해 말하기 시작했다. 그녀는 환자 가족과의 만남을 이야기하면서 거의 눈물을 흘리기 직전이었다.

그 순간, 나는 그녀에게 집중해야 한다는 것을 알았지만 그럴 수가 없었다. 나는 "여보 들어봐. 난 지금 당신과 이 대화를 하는 게 불가능해. 내가 이 바보 같은 게임 시청을 끝내고 당신에게 집중해도 될까? 지금은 그냥 그게 되지 않아. 기다려 줄래?"라고 말했다.

케이트는 깜짝 놀랐지만 내 말을 잘 받아들였고 "알았어. 나중에 얘기하자."라고 말했다.

나는 나의 한계를 받아들이는 그녀의 능력에 너무나도 큰 힘을 얻었다. 게임이 끝났을 때 그녀를 찾아가 내 품에 안고 그녀가 우리 가족에게도 일어날지도 모른다고 생각하는 환자와의 '안녕' 세션에 대해 울게 할 수 있었다. 그런 배려의 교환을 통해 우리는 둘 다 경청 받고 있다고 느낄 수 있었다.

이 모든 활동의 핵심은 부부가 숙련된 공감 능력을 갖도록 하는 것과 사랑과 연민으로 서로를 대하는 방법을 배우도록 돕는 것이다. 나는 내 책상에 있는 액자에 적힌 다음의 인용구를 부부들에게 종종 읽어준다.

"부디 너그럽게 대해주세요.
당신이 만나는 모든 사람들을.
저들도 당신처럼 삶이라는 힘든 싸움을
버텨내고 있는 이들이니까요."

- 알렉산드리아의 필로, 1세기

## 제5장

# 은밀한 난제: 성적 친밀감

BEHIND CLOSED DOORS: THE INTIMACY/SEXUALITY CONUNDRUM

---

나는 오랫동안 머트와 제프[2]같은 부부를 만나왔다. 그녀는 자그마했고, 그는 키가 매우 컸다. 그들은 꽤 좋은 관계였으나 성생활이 없었다. 나는 그들에게 유혹하기/거절하기 과제를 주었다.

"이 과제는 한 명은 추파를 던지고, 다른 한 명은 명랑하지만 단호하게 '고맙지만 사양할게'라고 말하는 법을 찾는 것입니다. 믿기 어려우시겠지만, 부부 대부분이 성관계를 원하지 않을 때 '아니요'라고 잘 말하지 못합니다."

"나는 '아니'라고 잘 말해요." 소냐는 허스키한 벨기에 억양으로 말했다. "나는 발끝으로 서서 키를 높여 존에게 얼굴을 가까이하고, 한쪽 팔은 그의 목에 두르죠. 그리고 다른 손을 그의 가랑이에 가볍게 놓고 말합니다. '오, 달링, 오늘 밤 당신과 사랑을 나누고 싶지만, 나는 오늘 매우 지친 하루를 보냈어요. 우리가 지금 원하는 것은 다른 것이겠지만, 당신에게 레인체크(경기·공연 등이 비가 와

---

2 옮긴이 주: 미국 만화가 Bud Fisher의 만화 주인공인 키다리와 땅딸보

서 취소되는 경우 나중에 쓸 수 있도록 주는 티켓)를 줄게요. 그리고 나서는 그의 성기를 부드럽게 쥐어짭니다."

존과 나는 눈이 마주쳤고, 나는 그를 휘둥그레진 눈으로 바라보았다. 나는 나의 아내에게 이 참신한 거절 방식을 당장 가르쳐주고 싶어졌다.

부부 대부분은 '사랑에 빠진' 친밀감을 나누는 시기를 지나 일상의 시시콜콜한 협상에 몰두하는 단계로 이행한다. 강렬한 친밀감과 쾌락, 성적 매력은 점차 희미해지고, 성적 호의는 협상 및 권력투쟁과 뒤엉켜진다. 대부분의 부부상담사는 갈등관리, 우호적 관계, 협동의 측면에서 부부관계가 개선된다면, 성적 친밀감은 이에 따라 저절로 향상될 것이라고 가정하지만, 꼭 그렇지 않다. 부부는 전반적인 관계가 얼마나 향상되었는지와 상관없이 성생활을 다시 불붙이기 위해서 도움이 필요할 수 있다.

나는 초기면담에서 현재 부부관계의 어려움이 성생활에 어떤 영향을 미치는지 물어본다. 그들은 대개 눈동자를 굴리거나 한숨을 쉬면서, "성관계가 뭐죠?"라고 농담한다. 부부가 주호소문제로 성적 친밀감을 언급하지 않는다고 하더라도, 이 주제는 매우 중요한 요소이다. 나는 부부에게 종종 다음과 같이 말한다. "거실에서 좋아진 사이가 자연스럽게 침대 위에서도 적용될 거라고 기대하지 마세요. 우리는 당신들의 성생활이 활력을 찾도록 직접적인 작업을 할 필요도 있을 겁니다." 대체로 부부들은 이 주제가 빠지지 않고 상담 중에 공식적으로 논의되어 기뻐한다.

한편 부부가 먼저 그들의 성생활 문제를 상담 신청 사유로 제시하기도 하고, 나와의 관계가 편안해졌을 때 꺼내기도 한다. 나는 부부와 긍정적이고 편안한 라포를 형성하기 이전에 성생활에 관련된 주제로 넘어가는 것에 대해서는 조심한다. 심지어 부부 양측 모두가 성생활에 관련된 주제를 다루기를 열의 있게 원해도 이전 장에 소개한 의사소통 훈련으로 상담을 시작한다. 나는 이 작업을 '전희'라고 부른다.

부부의 친밀감 향상을 위해서는 '노력하는 사랑'에 강조를 많이 두어야 하며, 여러 감정이 교차하더라도 성공적으로 성적인 관계를 유지하는 방법을 배워가는 것이 필요하다.

부부의 성생활을 가장 잘 돕기 위한 방법을 논의하기 이전에, 만족스러운 성적 친밀감을 유지하는 데 도전이 되는 다양한 요소들을 먼저 살펴볼 필요가 있다. 나는 부부가 성생활 고충들에 대해 수치심을 덜 느끼도록 심리교육 자료를 제공한다. 이를 통해 부부는 성생활 어려움이 매우 일반적이라는 것을 알게 되면서 안도한다.

## 왜 많은 부부들이 만족스러운 성생활을 유지하기 어려운가?

### 60-70년대에 일어난 페미니스트 성 혁명의 복잡한 영향

낭만적이며 둘 다 만족할 수 있는 섹스에 대한 오늘날 부부의 기대는 하늘처럼 높다. 여성도 성적 만족을 누릴 수 있다는 권리의식이 생김에 따라 육체적으로 더 나은 사랑꾼이 되려는 압박감을 부부 양쪽이 모두 느낀다. 낭만과 친밀감으로 가득한 섹스에 대해 한없이 높아진 기대가 남녀 모두에게 불안을 만들어 낸다.

## 섹스로 포화한 문화

TV, 영화, 광고, 잡지 등의 미디어만 보아도 우리 문화는 성적으로 상당히 자극적인 이미지로 넘쳐난다. 슈퍼마켓에서 코스모폴리탄지를 집고 열어보면 당신을 달로 보낼만한 수백 개의 테크닉이 있다. 또한, 포르노그래피는 온라인에서 가장 많은 조회수를 기록하는 동영상물이다. 이런 자료에서 묘사된 섹스에는 포토샵으로 보정된 완벽하게 아름답고 몸짱인 남녀 모델들이 출연한다. 이에 일반인들은 '나는 충분히 매력적인가?'라고 자문하며 겁이 난다. 자신을 제외한 모든 사람이 굉장한 섹스를 하며 살고 있는 것 같지만, 실제로는 하지 않는 부부가 더 많다.

## 성욕의 정상적인 차이와 타협

남녀가 사랑에 빠졌을 때는 서로를 기쁘게 하기 위해 혈안이기 때문에 둘 사이에 성적인 부조화가 있다는 것을 인지하지 못하고 무난하게 성관계를 시작한다. 그러나 안정기로 접어들면 일상의 책임이 우선순위가 된다. 이 시기에 남녀 사이의 정상적인 성욕 차이가 드러나며 긴장감이 생성된다. 서로 성관계와 관련한 주제를 잘 타협해 가는 것은 중요한 과제이다. 부부는 보통 일정을 잡거나 리스크가 적은 다음과 같은 대화를 시도한다.

"할까? 아님 나중에?"

"내가 얼마나 힘든 하루를 보냈는지 알면서 농담하는 거지?"

이런 대화를 주고받는 것이 그다지 낭만적이지 않더라도 서로의 감정이 많이 상하지 않도록 해준다. 30년을 함께 침대를 쓴 사람보다 바에서 처음

만난 사람과 로맨틱한 대화를 하는 게 더 수월할지도 모르겠다. 긍정적인 방식으로 단호하게 배우자의 성관계 시도를 거절하는 것은 쉽지 않다.

## 모든 길이 로마로 통하는 것은 아니다

　모든 사람은 그들만의 성적인 흥분과 성적인 친밀감 형성하는 방법을 갖고 있다. 전통적으로 여성들은 섹스하기 이전에 친밀감 형성이 먼저 이루어져야 하고, 남성들은 섹스를 통해서 친밀감을 형성한다는 믿음이 있었다. 그러나 이렇게 성별을 기준으로 삼는 성에 대한 고정관념들은 사라지고 있고, 대신 남녀의 성욕과 섹스 빈도에 대한 다양한 태도가 관찰된다. 요즘엔 남성보다 여성이 더 높은 빈도의 섹스를 원하는 경우가 흔하며, 이럴 때는 남녀 모두 더 많은 고충을 겪는다. 섹스를 자주 하길 원하는 배우자는 요청하고 거절당하는 고통이 있고, 섹스를 덜 하기를 원하는 배우자는 늘 거절하는 입장에서 좋은 배우자로 남기 위한 다른 여러 노력을 해야 하는 압박을 안고 있다. 이러한 요청하기와 거절하기 역할이 전통적인 성역할 기대와 다를 때는 더욱 고통스럽다. 남편보다 아내가 섹스를 더 원할 때 그녀는 자신이 남편에게 사랑스럽지 않다는 생각을 하며 괴로워한다. 성관계를 회피하는 남성은 남자답지 못하고 부족하다고 느끼며 불안하다.

## 불만족스러운 성 경험

　성적인 강렬함과 만족감은 서로에게 익숙해지면서 낮아지는 게 현실이다. 조기사정이나 오르가슴 장애, 발기부전, 성욕 부족 등은 실망스러운 성 경험의 악순환으로 이어져서 섹스를 쾌락보다는 의무로 대하게 만든다.

## 일상의 긴장

　부부 갈등과 스트레스, 육아와 직장은 로맨틱한 감정을 가질 시간과 기회를 줄인다. 남편이 어린이집에서 세 살배기 자녀를 한 시간 늦게 픽업했을 때 아내가 남편을 섹시하게 느끼기는 쉽지 않다. 부부는 어려운 일과들을 제치고 모험과 흥분이 가득한 에로틱한 판타지로 들어가 섹스를 즐겨보려고 시도하기도 한다. 성적인 각성을 일으키려는 이러한 시도는 그럴듯하지만, 정서적으로 서로 깊게 연결되지 않은 상태라 친밀감이나 만족감을 느끼기 어렵고, 자위처럼 허무하게 끝난다.

## 자위와 포르노

　이제는 손가락 하나만 움직이면 어떠한 성적인 이미지든 컴퓨터나 휴대전화를 통해 볼 수 있기에 자극과 기분 전환을 위한 수단으로 항상 손쉽게 접근한다. 점점 더 남성과 여성은 2인 섹스에 수반되는 모든 인간적 복잡성, 협상, 도전을 감수하며 파트너에게로 향하기보다 성욕을 쉽고 효율적으로 충족시켜 주는 음란물과 섹스 토이에 눈을 돌리고 있다.

***

　조지와 존은 부부상담을 통해 더 나은 의사소통과 의사결정, 함께하는 시간 즐기기 등에 많은 진전을 이루었다. 그러나 이러한 진전이 침실에서의 친밀감을 증가시키지는 못했다. 열 살짜리 아이가 태어난 후 성생활은 현저하게 줄었고 한 달에 한 번 정도 형식적이고 만족감 없는 섹스를 하고 있었다. 그들은 그것에 대해 꽤 절망했고 불꽃이 영구적으로 사라진 것은 아닌지 궁금했다. 그러나 부부관계 심리교육 자료를 함께 읽으며 자신들이 평범하다는 것에 안심했다. 조안이 밝게 말했다. "정말 동병상련이에요. 우리는 선생님이 적은 거의 모든 지적에 대해 자격이 있어요." 그들은 이제 친밀감과 성적인 생활을 향상하기 위한 상담을 시작할 준비가 되었다.

"제가 부부의 성생활 회복을 다루는 방식이 당신들에게 무겁고 낭만적이지 않게 들릴까 염려도 됩니다."라고 말했다. "저는 부부의 정체된 성생활을 의사가 부러진 다리를 치료하는 것처럼 돕습니다. 다리가 부러진 환자에게 '달리기해야 다리가 건강해집니다'라고 충고하지 않아요. '우선 다리를 고정하고 다음에는 깁스하고 한 달 정도 목발을 사용하여 체중을 다리에 싣지 않도록 한 후에 물리 치료를 시작합니다. 3개월 정도면 테니스 코트에서 뛰게 될 것입니다.'라고 말합니다. 그것이 우리가 부부의 성생활을 치유해 가는 과정이에요."

나는 잠시 말을 멈추고 부부의 표정을 살폈다. 조지는 실망했고, 조안은 안도했다.

"조지, 이 방법이 당장은 로맨틱하거나 섹시하게 들리지 않지만 결국에는 가장 로맨틱하고 섹시한 친밀감을 가질 수 있는 토대를 마련해요. 이 방법은 안전하며 두 분이 충분히 할 수 있는 것이에요."

"선생님 말씀인데 따라야죠." 조지가 다정하고 장난스러운 미소를 지으며 말했다.

"이 과제의 4가지 핵심 요소를 먼저 설명 드릴게요. 이 4가지 핵심 요소는 구조, 일정, 안전, 선택이에요. 그럴 '무드'에 있는지 상관하지 않고 아주 구체적인 활동 계획을 세우고 시도해요. 이 과제의 유일한 목표는 성적인 무드에 있든 아니든, 기분이 좋든 나쁘든 계획한 과제를 수행하는 것이에요. 성관계에서 상처받고 실망한 배우자는 성생활 전반에서 위축되고 물러나요. 완전히 자연스러운 반응이에요. 성적인 친밀감을 증진하는 이런 활동에 대한 일정을 짜는 것은 실제로 상담 초반에 우리가 수행했던 '말하기/듣기' 활동 또는 '사랑의 보살핌' 활동과 같은 맥락이에요."

"활동을 선택하는 것이 중요해요. 그리고 활동 예정 시간에 너무 불안하거나 초조하면 활동을 하지 않겠다고 말할 수 있는 것도 중요해요. 진정한 'Yes'는 'No'에서 시작해요. 활동에 대한 당신 내부의 저항을 극복하며 부드럽게 자신을 밀어붙이는 것도 중요하지만, 활동 수행을 강요받는다고 느끼지 않는 것도 똑같이 중요해요."

"일리 있게 들리시나요?"

조안은 "그 말씀을 들으니 기뻐요, 선생님. 제가 중간에 멈추어도 된다고 생각하면 실제로 시도하기 더 쉬울 것 같아요."

조지가 말했다. "선생님은 마치 조안에게 보드게임의 감옥 탈출권을 주는 것 같네요."

나는 대답했다. "잠깐만요, 조지. 아내가 감옥에 있는 것처럼 느끼길 원하지는 않죠?"

"물론이죠. 농담이었어요." 조지가 다소 방어적으로 말했다.

나는 말했다. "거절을 많이 받아서 정말 마음이 아프시죠. 그래서 다시 시도하는 것도 쉽지 않아요. 이게 당신을 연약하고 불안하게 해요."

조지는 갑자기 매우 슬퍼 보이며 고개를 끄덕였다.

이것은 나에게 중요한 선택의 순간이었다. 나는 그의 고통 속 연약함으로 주제를 옮겨 조안이 그에게 공감과 연민으로 반응하도록 도울지, 아니면 활동 계획을 계속 진행할지 고민했다. 그들이 이 대화를 하도록 하면 비난과 맞비난으로 점철된 오랜 패턴으로 돌아갈 수 있기 때문이다. 모호할 때는 부부에게 직접 물어보는 게 좋다.

"잠시 멈출게요. 조지와 조안. 지금은 두 사람 모두에게 연약한 순간인 것 같아요. 지금 이 연약함이 무엇이고 이것을 다루는 게 얼마나 두려운지 공유한다면 이 부드러움을 진정으로 감사할 수 있게 돼요. 혹은 성적으로 친밀해지기 위해 노력할 때마다 이러한 연약함이 계속해서 나타날 거라고 인정하면서 다음 단계를 계획하는 것에 계속 집중할 수도 있어요. 어느 쪽을 하는 게 더 낫다고 생각하세요?"

긴 침묵이 이어졌다.

"나는 우리가 계속 진행해야 한다고 생각해요."라고 조안이 말했다. "우리는 모든 것을 계속 이야기해 왔고, 이제는 시도하는데 집중해야 한다고 생각해요. 조지는 내가 우리의 성생활을 바꾸기를 바라지 않는다고 생각하지만 나는 원해요."

조지는 놀랍고 기뻐 보였다. "나도 동의해."

"그래요, 계속 이어갈게요. 세션이 끝날 때 어땠는지 확인해 봐요." 내가 말했다. "저는 보통 부부에게 세 가지 활동을 제시하여 선택하도록 하거나, 직접 그들만의 활동을 만들 기회를 주기도 해요. 어느 쪽을 선호하세요?"

"당신이 활동에 대한 아이디어를 주세요." 조안이 말했다.

"좋아요, 30분 정도 등 마사지를 번갈아 하는 것이 있어요. 또는 옷을 입은 채 3분 동안 소파에서 서로 키스하고 포옹하고 애무하다가 알람이 울리면 멈추는 것도 있어요. 마지막 아이디어는 함께 샤워하면서 3분씩 번갈아 가며 비누칠을 해주는 것입니다."

둘 다 조금 불편해 보였다.

"여기서 핵심은 올바른 선택이 없다는 것이에요. 무엇을 선택하든 옳을 거예요."

조안은 즉시 긴장을 풀고 "조지가 더 많은 것을 원할 수도 있다는 것을 알고 있지만 등 마사지부터 시작하는 것이 저에겐 가장 안전한 방법이라고 생각해요."라고 말했다.

"당신이 그것을 고를 줄 알았어." 조지가 약간 실망하며 대답했다. "하지만 어딘가에서든 시작하긴 해야겠지."

"네, 맞습니다, 조지. 무엇을 고르려고 했나요?"

"샤워 아이디어가 꽤 멋지다고 생각했어요. 그것이 나의 선택이었을 거예요."

"두 분이 서로 의논해 보시지 그래요?"

그들은 수줍게 서로를 바라보았다. 조지는 "당신이 원하는 것부터 시작해야 효과가 더 좋을 것 같아."라고 말했다. 조안은 매우 감사한 듯 말했다. "샤워에 대해선 내가 준비가 안됐어. 너무 미안해. 너무 부끄러웠을 거야. 나는 너무 뚱뚱해."

"내 눈에는 예뻐, 여보." 조지가 다정한 미소를 지으며 말했다.

세션이 끝날 때 나는 이 부부가 다음 단계에서 할 새로운 활동이 담긴 아래의 자료를 과제로 읽어보라고 제공했고 다음 세션에서 논의하겠다고 말했다.

***

## 성적 친밀감의 마법과 좌절, 예술과 코미디로 승화하는 활동팁

### 대화 활동

(1) 내 거 말하기/네 거 말하기

부부는 상담 세션 동안이나 집에서 자신의 성역할에 대한 초기 경험(긍정적 부정적 경험 둘 다), 성에 대한 원가족의 태도, 사춘기, 최초 성적 감정, 로맨스 감정, 사랑과 섹스에 대한 청소년기의 실험 이야기를 공유한다.

(2) 사랑의 손가락/아프고 화난 감정들

이 활동은 내가 보통 상담 세션에서 한다. 부부가 서로 번갈아 가며 진행하는데, 눈을 감고 부드러운 목 마사지를 받는 동시에 저항, 공포, 상처, 분노 등 다양한 감정을 경험하게 한다. 이 기술은 그들이 서로를 만지고 더 가까워지는 동안 양가적이고 부정적인 감정을 가질 수 있음을 받아들이도록 도와준다.

(3) 취침 독서

부부는 성적 경험과 실험에 대한 훨씬 더 큰 감각을 제공할 수 있는 성적 친밀감에 관한 책을 읽는다. 부부는 성애물을 함께 읽거나 보기로 선택할 수도 있다. 이것은 부부가 성생활 영역에서 자신이 좋아하는 것과 싫어하는 것을 공유하기 시작하는 데 도움이 된다.

(4) 시작하고, 멈추고 이야기하고, 다시 시작하기

부부는 애무와 키스를 시작하고, 잠시 멈추고 감정을 나눈 다음, 다시 시작한다. 이것은 부부가 성관계를 시작하는 동안 정서적으로 서로 연결되고 개방된 상태를 유지하는 데 도움이 된다.

(5) 에덴동산 상실을 애도하기

거의 모든 부부가 관계의 '낭만' 단계에서 '생활' 단계로 전환하는 데 약간의 어려움이 있다. 일반적으로 그러한 감정을 혼자 처리한다. 이 활동을 통해 부부는 '사랑에 빠진' 감정의 상실에 대해 함께 이야기하고 애도하는 법을 배운다. 이는, 부부가 서로에게 매우 부드럽고 친밀해지게 한다.

(6) 연애편지

자신이 가장 좋아하는 성적 또는 낭만적인 기억, 에로틱한 환상에 대해 서로에게 편지를 쓴다. 이것은 부부가 오래된 성적 불꽃을 되살리거나 은밀한 에로틱한 환상을 더 친밀하게 공유하도록 도와준다.

(7) 스위시(Swish)

그들의 관계 또는 어린 시절로부터 축적되어 온 혐오 감정을, 부정적인 이미지를 긍정적인 이미지로 대체하는 이 신경 언어 프로그래밍(NLP) 기술을 사용하여 분산시킨다.

## 신체 활동

(1) 신호등

부부는 성관계를 시도하지 않는 요일(빨간불), 성관계가 가능한 날(노란불), 성관계가 약속인 날(파란불)을 계획하는 방법을 배운다. 많은 부부에게 섹스에 대한 압박이나 질문이 없는 하루를 보내는 것은 큰 안도감을 준다.

(2) 부드러운 사랑의 보살핌

부부는 합의된 성행위를 선물처럼 교대로 주고받는다. 많은 부부가 둘 다 흥분하여 오르가슴을 느끼는 것이 최선이라고 믿으며 상호 호혜적 성관계에 대한 압박감이 상당하다. 편안하게 성적인 호의를 주거나 받으면서 부부가 부담에서 벗어나는 법을 배운다.

(3) 유혹/거부 게임

부부는 가볍고 장난스럽고 안전한 방식으로 성적으로 다가가고 거절하는 방법을 배운다. 부부 중 한 사람은 추파를 던지는 임무를 맡고 다른 한 사람은 "고맙지만 안돼"라고 말하는 다정하고 경쾌한 방법을 찾아야 한다.

(4) 수영 레슨

부부는 관능적이고 에로틱한 마사지를 주고받는 활동을 할 뿐만 아니라 이에 대한 건설적인 피드백을 주고받는 법도 배운다. 이것은 본질적으로 마스터스와 존슨이 개발한 일종의 감각 집중 작업이며 성 치료의 중요한 부분이다. 나는 '수영 레슨'이라는 용어를 사용하여 이러한 기술 구축 활동이, 시작하는 시점에서 반드시 친밀하거나 재미있거나 에로틱할 필요가 없다는 것을 전달하고자 한다. 사람들이 수영 수업을 싫어하지만 수영을 할 수 있기를 원하는 것과 비슷하다.

(5) 소소하게 야한 순간

부부는 엘리베이터, 자동차 또는 주방과 같이 성관계 압박 가능성이 없는 장소에서 애무 행동을 실험한다. 애무 시간이 3분을 넘지 않도록 권장한다. 부부가 흥분해서 오르가슴을 느껴야 한다는 압박에서 해방하는 부담 완화제 활동이다.

(6) 수음

부부는 자신의 자위 습관을 실험해 보고 이에 대한 자신의 감정을 탐색하도록 안내받는다. 부부 각각은 수음이 자기 사랑의 더 큰 표현이 될 수 있고 잠재적으로 더 큰 만족감을 느낄 수 있음을 발견할 수 있다. 그것은 먼저 자기와 자신의 성에 대해 더 친밀한 감정을 발달시킬 수 있다.

(7) 보통 수준의 예술

이 활동은 부부가 성관계에서의 성취 압박을 완화하기 위해 낮은 기대치를 설정하는 데 도움이 된다. "흠, 이 정도면 충분해" 섹스는 장기적인 관계에서 깊이 연결된 친밀한 성관계만큼 중요하다.

\*\*\*

세션을 마무리하면서 조지와 조안 부부와 함께 숙제를 검토했다.

"마사지를 받을 때 파트너에게 '로션을 더 많이 또는 덜 사용해 달라고, 더 세게 또는 더 부드럽게 문질러 달라고, 또는 어떤 부분을 더 많이 문질러 달라'고 지시하는 것이 중요해요. 그리고 마사지하는 사람이 이런 지시를 환영하는 태도를 지니는 것도 매우 중요해요. 우리 대부분은 성적으로 어떻게 만져지고 싶은지 말하는 것과 지시를 받는 것을 편안하게 느끼지 않아요. 좋은 성적 파트너가 되기 위해서는 피드백을 주고받는 방법을 배우는 것이 매우 중요해요. 등 마사지는 곧 경험할 성적 매력의 미리보기라고 생각하세요." 나는 그들에게 미소를 지으며 말했다.

조지는 활동 자료를 보고 있었다. "잠시만요, 선생님. '보통 수준'에 대한 내용은 무엇인가요?"

"좋은 질문이에요. 나는 아마도 보통 수준의 예술을 신봉하는 미국 유일의 부부상담사일 겁니다. 부부의 성생활을 해치는 가장 큰 방해물은 항상 멋진 섹스를 기대한다는 것입니다. 한 가지 질문을 드릴게요. 모든 식사가 고급 식사가 되기를 기대하시나요?"

"당연히 아니죠."

"맞아요. 대부분 음식은 충분하겠지만 특별한 것은 없으며 실제로는 그저 연료일 뿐인 경우도 있어요. 우리가 하는 활동이 불꽃놀이를 일으키지 않을 뿐만 아니라 때로 기분이 좋지 않을 수도 있어요. 슬프고 나쁘고 분노한 혼합된 감정을 불러일으킬 수도 있다는 사실을 받아들이시는 것이 정말 중요해요. 이에 대해 두려워하거나 실망하지 않으셨으면 해요. 물리 치료사들은 항상 '고통 없이는 얻을 수 없다'고 이야기해요. 편안하고 친밀하게 사랑을 나눌 수 있는 능력을 되찾는 데는 시간이 걸리며 때로는 그것을 잃어버린 세월에 대해 속상함을 느끼실 거예요."

"상담을 처음 시작했을 때처럼 인내심을 갖고 서로 부드럽게 대하세요. 용기와 사랑이 필요할 거예요. 그리고 나는 두 분이 그것을 가지고 있다고 믿어요."

그들이 떠난 후 나는 그들이 어디쯤에 있는지 생각해 보았다. 분명히 조지는 상담에 참여하고 있었지만 회의적이었다. 그는 수면 아래에 멀지 않은 곳에서 끓어오르는 분노를 품고 있었다. 조안은 협조적이고 순응적이었지만 매우 불안해했고 그녀만의 명백한 저항이 있었다. 아마도 세션 중간에 조지의 슬픔이 나타났을 때 그의 감정을 더 많이 다루어야 했던 것일지도 모른다. 하지만 조안의 '계속하자'는 선택은 의미가 있었고 조지도 그에 대해 즉시 기뻐했다. 그래서 올바른 결정이었다고 생각한다.

나는 그들이 부담이 적어 안전하고 성적으로 덜 집중된 과제를 첫 활동으로 골라서 기뻤다. 그리고 그들이 활동 시간을 계획하는 것을 어려워하고 하지 못했어도 나는 놀라지 않았을 것이다. 다음 세션에서 더 많은 것들이 수면 위로 떠오를 것이다.

얼마큼 행동 변화를 추진하고 감정을 탐색하고 담아줄지는 상담의 시작부터 종결까지, 그리고 세션마다 항상 섬세한 균형을 이루며 이루어져야 한다. 이것이 상담의 심장이자 예술이다.

## 제6장

# 트레드웨이 캠프: 주말 집중 상담 프로그램

CAMP TREADWAY

---

　카터와 헬렌은 내 이름을 지어 만든 '트레드웨이 주말 집중 캠프' 행사에 참석하면서 긴장한 모습을 보였다. 그들은 한동안 상담해 오면서 과제를 하는 데 어려움을 경험하고 있었고 발전에 대해 낙담하고 있었다. 주말 피정은 우리의 치료 노력을 배가시키는 선택이었다.

　전체 일정을 검토한 후 헬렌은 "카터가 즐겁지 않으면 어떻게 하죠?"라고 걱정스럽게 물었다.

　"그게 바로 이 캠프의 핵심이에요. 카터는 즐겁지 않더라도 당신과 의미 있는 시간을 함께 보내는 것을 경험하고, 당신은 카터의 감정에 대해 덜 걱정하고 당신 자신의 감정을 독립적으로 탐색할 거예요. 부부 중 한 측이 주말 캠프에 대해 부정적인 감정을 느끼는 것은 드문 일이 아니에요. 아내가 실제로 멋진 하루를 보냈는데, 남편이 '너무 진부하군'이라고 말해요. 아내의 과제는 남편의 감정이 자기의 감정을 억누르도록 두지 않는 것이에요. 두 사람이 어떤 감정이든 가질 수 있는 공간이 부부 안에 있을 때, 두 사람 모두가 관계를 매우 여유롭고 편안하게 느낄 수 있어요."

"남편이 나쁜 시간을 보낼까 봐 신경 쓰지 않아도 된다는 뜻인가요?"

"물론 당신이 실망할 순 있어요. 그러나 그의 기분을 고치려고 하지 말고 그냥 내버려 두어보세요. 당신이 기분 좋기 위해서 그의 좋은 기분에 의지할 필요가 없어요. 그가 조금 고군분투하면서도 '노력하는 사랑'을 하는 것에 대해 당신은 감사하는 마음을 작업하는 기회도 될 겁니다. 다음 활동으로 넘어갈 때 남편은 자기감정에 어떤 변화가 있는지 알아차리게 되고, 당신은 그의 감정에 집중하던 것을 내려놓게 될 거예요. 점점 두 분의 감정이 바뀌고 변하는 것을 발견할 거예요. 이해되시나요?"

"일리가 있어요. 아내는 항상 내 기분이 괜찮은지 확인하려 하고, 내가 괜찮지 않으면 뭐가 잘못되었는지 이야기하는 게 낫다고 생각해요. 그녀는 이야기하면 기분이 나아질 것이라고 생각하지만 대부분 언쟁으로 끝나요. 이번 주말이 좋겠네요."

"좋아요, 두 분은 이제 나와 체크인이라는 활동을 할 것이고 중간에 어땠는지 이야기하도록 할게요. 이 활동이 주말 일정의 초석이 될 거예요."

"먼저 다리를 꼬지 않고 똑바로 앉아 눈을 감고 심호흡을 세 번 하세요."

부부는 자세를 바로 잡고 심호흡을 시작했다.

"자, 당신의 몸에 집중하고 어떤 신체적 경험이 일어나는지 느껴보세요. 당신의 몸 어디에서 어떤 다른 감각이 느껴지나요? 가슴의 답답함, 아픈 무릎, 요통, 가슴의 울렁거림 등 발견하신 것이 있나요?"

잠시 멈춘 후 이어갔다. "이제 당신의 느낌과 현재 감정 상태에 집중하세요. 간단하게 한 단어로 찾아볼게요. 슬프다, 긴장된다, 희망적이다, 호기심이 난다, 짜증이 난다, 회의적이다. 당신이 느끼는 것이 무엇이든 괜찮아요. 감정을 알아차리고 그것을 한두 단어로 표현하겠습니다."

"여러분 각자는 자신의 신체 감각이 무엇인지, 그리고 자신이 느끼는 감정을 어떻게 몇 마디로 표현할지 찾으세요."

둘 다 고개를 끄덕였다.

"헬렌, 먼저 해보시겠어요. 눈을 뜨고 당신이 발견한 신체적 감정을 카터에게 말해보세요."
"나는 가슴과 배가 정말 떨리고 목이 뻣뻣해."
"카터 차례입니다. 헬렌에게 이야기해 보세요."
"평소처럼 무릎이 아프고 허리도 아파요."
"몇 가지 감정 단어로도 말씀해 주시겠어요, 헬렌?"
"아... 긴장되고 걱정되고 조금 두려운데 동시에 희망적이기도 해요."
"괜찮아요. 상당히 상반된 감정을 동시에 가질 수 있어요. 카터?"
"확실히 회의적이지만 의지가 있어요. 심지어 조심스러운 호기심을 느끼기도 해요. 이것도 감정이 맞나요?"
"물론이죠." 내가 대답했다.

과제를 할 시간을 마련하기 어렵거나, 부정적인 감정으로 인해 과제 자체가 의미 없어 보이는 부부, 또는 관계에 큰 노력을 들이기를 원하는 부부에게 나는 주말 집중 코스를 추천한다. 몇 년 전 이 프로그램을 개발하면서 나는 이것에 장난스럽게 내 이름을 넣어 '트레드웨이 캠프'라고 불렀다. 그 이름은 이후로 죽 사용해 왔는데 본질적으로는 일종의 부부 신병 훈련소 같은 것이다.

주말 캠프는 부부가 매주의 상담 세션들 사이에 '노력하는 사랑'에 깊이 몰입하고, 그들의 힘들고 막힌 문제를 집중적으로 다룰 수 있는 시간이다. 주말 캠프의 핵심 목표는 부부가 함께 활동하고, 감정을 공유하고, 교대로 리드하고, 따르고, 자신이나 배우자의 감정에 대해 통제적이지도 의존적이지도 않는 법을 배우는 것이다.

부부 대부분은 일몰에서 저녁 식사에 이르기까지 무엇인가에 대해 함께 좋은 감정을 경험할 때 가장 가깝게 느끼는 경향이 있다. 동일한 감정의 경험은 종종 부부가 연결되어 있다고 느끼게 만든다. 이번 주말에 그들이 경험하게 돕고 싶은 내용은 서로의 감정이 상당히 다르고 심지어 어려울 때도, 감정을 공유할 수 있고, 그로 인해 친밀함을 느낄 수도 있다는 것이다. 그들은 계속 활동함으로써 감정이 진화한다는 것을 배울 것이다. 그래서 카터가 처음에는 회의적인 태도를 보였음에도 불구하고 호기심을 느낀 것이 기뻤다. 아주 좋은 징조이다.

다음은 주말 캠프를 시작하기 전에 부부가 고려해야 할 사항으로 안내하는 내용이다.

## 캠프 소개

주말 캠프의 핵심은 배우자와의 불편함이나 차이점을 좀 더 편안하게 받아들이고, 수치심이나 '해야 한다'라는 압박 없이 자신의 감정을 공유하는 것이다. 또한 비난받는 것으로 느끼지 않으면서 상대의 감정을 경청하는 것이다. 감정에 압도되지 않으면서 감정을 소유하고 공유하는 법을 배운다. 감정을 있는 그대로 말하고, 일정에 있는 다음 활동으로 바로 넘어간다. 좋은 감정을 경험하거나, 배우자와 동일한 감정을 갖는 것이 초점이 아니다. 당신이 어떤 종류의 감정을 느끼던 배우자와 친밀하게 연결되어 있다고 느끼는 법을 배우는 것이다.

캠프는 일반적으로 함께 일정표를 만들고 상담 주제를 설정하기 위해 목요일 늦은 오후에 나와 2시간의 세션을 가지며 시작한다. 그런 다음 금요일 정오에는 나와 2시간의 상담 세션이 있고 토요일 정오에 2시간의 종결 세션이 있다. 이후 3주 동안 일주일에 한 번씩 후속 세션이 있다. 후속 세션은 주말 캠프에서 얻은 것을 일상생활로 성공적으로 전환하는 데 매우 중요한 역할을 한다. 일상으로 돌아가서도 활동을 유지하고 변화를 지속하는 것이 필수적이다.

  나와 함께하는 상담 세션을 제외하고 전체 일정은 하루 세 블록(오전, 오후, 저녁)으로 나뉜다. 마지막 날 아침까지 블록의 리더를 교대로 맡으면서 부부는 블록 활동들을 함께 결정한다. 각 블록은 최소한 두 개의 구조화된 활동과 체크인(첫 번째 세션에서 연습했음)이 있다. 활동 외에도 휴식을 위한 충분한 시간이 있다. 모든 일정이 다 활동은 아니다.

  그러나 일정 내내 자신과 관계에 집중해야 한다. 캠프 일정 동안 일과 자녀에 대해서는 철저히 다른 곳에 맡겨야 한다. 호텔에 머무르도록 하고 긴급한 상황을 제외하고는 전자기기를 사용하지 않는다.

  다음 활동 목록에서 블록당 두 개를 선택한다. 블록의 리더는 활동들을 언제 어떤 순서로 할지 결정하고, 따르는 배우자는 활동이 그들에게 너무 불편할 것 같으면 거절할 수 있어야 한다. 추천하는 활동의 예는 아래와 같다.

1) 메리 올리버의 시 낭독

2) 신뢰의 걸음(눈을 감은 배우자가 10분 동안 자신을 따라 걷도록 하기)

3) 신뢰의 추락(뒤에 서 있는 배우자의 품으로 넘어지기)

4) 얼굴, 손 또는 발 마사지(각 3분씩)

5) 30초 동안 포옹하기

6) 자애의문구 번갈아 가면서 서로에게 읽어주기

- 우리가 안전하고 보호받게 하소서

- 마음의 평안과 안위를 누리게 하소서

- 사랑과 연민으로 우리 자신을 볼 수 있게 하소서

- 우리가 평화롭게 하소서

7) 20분 동안 손을 잡고 조용히 걷기

8) 15분 동안 좋아하거나 고통스러운 어린 시절의 기억을 공유하기

9) 15분간 등 마사지

10) 성공적인 장기적 관계를 위한 10가지 핵심 요소 읽기(부록 참조)

11) 공식적인 말하기/듣기 활동(최소 한 시간 간격으로)(부록 참조)

12) 부드러운 사랑의 보살핌 활동(부록 참조)

13) 의사결정 프로토콜(부록 참조)

14) 5분 동안 애무하기(부록 참조)

15) 사랑의 손가락/아프고 화난 감정들(부록 참조)

16) 유혹/거부 게임(부록 참조)

17) 대화형 말하기/듣기(부록 참조)

18) 어린 시절의 사진과 이야기 공유하기 (제9장 참조)

각 활동이 끝날 때마다, 카터와 헬렌이 내 상담실에서 했던 것처럼 캠프에 참여한 부부와 간단한 체크인을 한다. 신체적 감각과 감정을 명명하고 공유한다. 그 이상의 논의나 처리는 하지 않도록 한다. 부부는 공식적인 말

하기/듣기 시간이나 나와 상담 도중이 아니라면, 주말 캠프나 그들의 관계에 대한 감정을 논의하지 않는다. 즉, 부부는 감정이 긍정적이든 중립적이든 부정적이든, 이를 판단하거나 논쟁하거나 해결해야 할 문제로 보는 대신 그대로 두는 법을 배운다. 이것은 놀랍도록 자유로운 경험이 될 수 있다. 특히 그들이 자신과 상대방의 감정을 바꾸려고 하지 않았는데 감정이 저절로 변하는 것을 볼 때 그러하다.

헬렌은 금요일의 2시간 세션을 다음과 같이 보고했다. "나는 카터를 매처럼 응시하고 있었어요. 이것을 발견하고 얼마나 놀랐는지 몰라요. 어떻게 되어가는 거지? 남편은 괜찮나? 혹시 나한테 화났나? 이게 다 다 시간 낭비고 돈 낭비라고 생각하면 어떡하지? 제가 카터의 기분에 많이 집중한다는 것을 알고 있었지만 정말 심각하더라고요. 저에 대해서는 주의를 기울이지 않았어요. 제 모든 생각과 걱정은 그에 관한 것이었죠. 정작 남편 본인은 체크인할 때 약간 부정적인 말을 한 것을 제외하고 대체로 별 불만 없이 잘 지내고 있었어요. 나는 그가 가졌을지 모르는 모든 종류의 나쁜 감정을 상상했고 그것에 대해 속상함을 느끼고 있던 것이었어요. 많이 놀랐어요."

"당신은 어때요, 카터?"

"음, 사실 저는 부정적인 말을 하고 미안해하지 않는 것을 즐겼어요. 아내는 항상 상황이 괜찮다는 확신을 필요로 하기에 그녀가 옆에 있으면 조심스러워요. 솔직히 거짓말을 많이 해요. 그녀가 듣고 싶어 하는 말을 할 뿐입니다."

"젠장, 카터, 정말 거만하게 들려." 헬렌이 말했다. "당신은 한 번도 그런 말 한 적이 없잖아."

"했어. 그런데 당신은 한 번도 들어본 적이 없을 수도 있겠군."이라고 날카롭게 대답했다.

"잠깐만요, 이 격렬해지는 감정으로 다른 뭔가를 해보는 게 좋을 것 같아요. 괜찮을까요?" 그들은 고개를 끄덕였다. 사실 이 타이밍에 그들의 친숙한 찔레꽃 조각을 우연히 발견하게 되어 기뻤다. 지금까지는 너무 순조롭게 진행되었기 때문이다.

"그러면 지금 바로 체크인을 할게요. 눈을 감고 내면으로 들어갈게요. 자신의 감정에 집중하시면서 그 감정에 0부터 10까지의 등급을 매겨보세요. 0은 절대적으로 편안하고 행복한 상태이고 10은 매우 동요되고 화나고 슬프고 불편한 상태입니다."

"자 그럼, 심호흡하시고 알아차려 보세요."

부부는 조용히 앉아 있었고 나는 그들이 감정을 0에서 10까지의 등급으로 식별했는지 부드럽게 물었다. 그들은 고개를 끄덕였다.

"좋아요, 이 활동은 조금 특이해요. 지금 여러분이 가지고 있는 감정을 계속 가지고 있으세요. 저는 이 방에서 나갈 것입니다. 그러면 두 분은 아무 말 없이 서로를 안아줬으면 좋겠어요." 나는 30초 동안 밖으로 나가 있었고 되돌아오면서 문을 노크했다.

그들은 소파로 돌아와 조금 수줍은 듯 미소를 지었다.

"남편과 포옹하고 싶다는 확신은 없었어요." 헬렌이 안도하는 표정으로 말했다.

카터는 "이것이 가능했다는 게 놀라워요."고 말했다. "나쁘지 않았어요."

"외면하고 싶을 때 서로를 향할 수 있다는 것이 핵심입니다. 잘하셨어요."

상담 세션 중 카터와 헬렌은 부부관계의 매우 고통스러운 부분에 대해서도 심도 있게 작업했다. 각자의 길을 가는 대신 힘든 감정이 있어도 계속 함께 하자는 권유를 받은 시간이었다. 이것이 주말 캠프의 본질이다.

***

부부는 자기와 부부관계에 집중할 시간과 기회를 가질 수 있다. 하네 마네 협상할 필요 없이 이전에 한 번도 해본 적이 없는 모든 종류의 활동이 포함된 부부상담 구조를 갖는 것은 오히려 자유로움을 준다. 가장 중요하게는, 반발심과 죄책감 대신 서로의 감정과 반응을 수용할 수 있는 여유를 가질 수 있다. 과거의 일을 잊고 목표들을 지닌 새로운 모험을 함께하면서 까다롭고 날것 상태의 감정적인 문제들을 신중하게 상담사와 다루는 부부의 날이 된다. 힘든 주제에 마음을 개방하는 것과 파격적으로 멋진 활동들을 하는 것은 부부에게 놀랍도록 자유로운 경험이다.

# 제7장

# 용서와 화해, 그리고 보상의 프로토콜

THE AMENDS AND FORGIVENESS PROTOCOL

---

　메리는 이 세션에 참석하기 위해 흠잡을 데 없이 옷을 완벽하게 차려입고 머리도 치장하였다. 찰스도 넥타이와 코트를 입었다. 그들은 60대 후반의 매우 매력적이고 품위 있는 부부였다.

　나는 메모지를 들고 있는 메리의 손이 떨리고 있는 것을 알아챘다. 그녀는 주위를 둘러보다가 티슈 상자를 발견했다.

　"메리, 준비됐나요?" 나는 부드럽게 물었다.

　그녀는 고개를 끄덕였다.

　나는 찰스에게 이렇게 말했다. "아내가 하게 될 말이 듣기 매우 어려울 거예요. 결혼한 지 40년이 된 두 분은 최선을 다해 오셨지만, 각자의 의도와 상관없이 많은 상처와 아픔이 있었어요. 자애로운 마음으로 메리의 고통을 새롭게 들어보세요. 대화를 차단하고 싶거나 감정이 격해지면 잠시 휴식을 취할 테니 저에게 알려주세요. 제가 당신과 옆 방으로 가서 진정하고 다시 대화할 수 있도록 도와드릴 거예요. 그리고 당신 또한 이야기할 순서가 있다는 것을 기억해 주세요. 하지만 지금은 우리 둘 다 메리의 이야기에 마음을 열도록 최선을 다할게요. 준비됐나요?"

"언제나 준비가 되어 있어요." 그는 작은 미소를 지으며 말했다. 나는 메리에게 고개를 끄덕였다.

"알겠어요." 그녀는 찰스를 쳐다보지 않고 이야기를 시작했다.

"내가 한 번도 언급한 적이 없는 오래전 이야기로 시작할게. 아마 당신은 기억도 못 할 거야."

"당신도 알다시피 나는 독실한 가톨릭 여고생이었고 우리가 결혼할 때까지 기다렸지. 그런데 당신도 알다시피 '그것'을 하는 걸 정말 좋아하기 시작했어. 그리고 우리는 항상 '그것'을 했지. 결혼 1년 차 어느 날, 당신을 놀라게 해주고 싶어서 야한 검은 네글리제를 입고 빨대 두 개를 꽂은 샴페인 한 잔을 들고 퇴근하고 집에 온 당신을 문 앞에서 맞이했어."

"당신은 충격받은 표정으로 농담할 말을 찾는 듯했어. 그리고는 '당신 하루 종일 침대에 누워 술 마시면서 뭐했어?'라고 말했어."

"나는 너무 속상하고 창피해서 술을 쏟고 네글리제를 내던졌어. 알다시피 그때 이후로 나는 우리 결혼 생활에서 먼저 성관계를 시작한 적이 없어."

메리는 눈물을 흘리며 흐느끼기 시작했다. 찰스는 괴로워 보였다.

"그래, 기억나." 그는 손을 뻗어 아내의 손을 잡았다. 그의 눈은 눈물로 가득 차 있었다. "정말 미안해."

찰스와 메리는 이 파괴적인 사건에 대해 한 번도 이야기하지 않은 채, 세 자녀를 키우면서 꽤 괜찮은 결혼 생활을 해왔다. 그러나 그들은 서로에게 상당한 거리감을 느끼고 있었고, 자녀들이 독립한 이후 부부의 미래에 대해 확신이 없었기에 상담실을 찾았다. 나는 그들이 행동 변화 방식을 선택할 것이라고 예상했지만 메리는 처음부터 그들이 과거를 해결해야 한다고 분명하게 말했다. 그리고 그녀가 옳았다.

지금까지 우리는 노력하는 사랑의 행동 변화를 선택한 부부들을 주로 다루었다. 그러나 많은 부부가 첫 번째 세션에서 용서와 화해 작업을 수행하기로 선택한다.

부부는 외도, 중독, 학대와 같은 심각한 문제가 있을 때 상담을 시작하면서 용서와 화해의 프로토콜을 의례처럼 선택한다. 이 문제들에 대해서는 다른 장에서 더 논의하겠다. 이번 장에서는 결혼 생활 전반 동안 '천 개의 상처로 인한 죽음(내가 부르는 방식)'으로 인해 깊은 상처와 분노, 정서적 거리와 방어를 쌓아온 부부들의 사례를 다룰 것이다.

우리 모두 부부로서의 삶이 발전하는 과정에서 아주 많은 사소한 방법으로 서로에게 상처를 주고받고, 고치고, 앞으로 나아가고, 용서하고, 잊으려고 노력하는 과정을 계속해서 반복한다. 메리와 찰스가 상담을 시작하면서 어떤 주제를 선택해야 할지 논의하고 있을 때 메리는 깊은 슬픔에 잠긴 채 말했다. "우리는 나름대로 많이 노력해 왔지만, 소용이 없었어. 가끔 나는 다리 아래 물이 너무 가득 찬 느낌이야. 우리는 다뤄본 적이 없는 이슈들을 너무 많이 갖고 있고, 모든 싸움은 계속 반복되고 있는 것뿐이야. 새로운 시작을 하기 전에 먼저 과거를 해결해야 할 것 같아."

메리의 차례가 되었을 때, 그녀의 고통스럽고 누적된 상처 목록을 읽는 데 한 시간이 걸렸다. 그 목록은 그들의 41년 결혼 역사 전체를 망라했다. 나는 찰스가 가능한 한 개방적인 태도와 동정심을 유지하도록 도왔다. 세션의 어느 시점에서 그가 크게 압도되어 폐쇄되기 시작했을 때 나는 잠시 멈추고 찰스를 옆 방으로 데려가 진정시켰다. 그는 울기 시작했고 "내가 정말 형편없는 남편이 된 것 같아요"라고 말했다. 나는 그가 평정심을 되찾도록, 그리고 그녀의 고통에 마음을 열었기에 그가 실제로 아주 좋은 남편이 되었다는 것을 인식할 수 있도록 도왔다.

부부 중 한 사람이 다른 사람에게 상처를 입히면 당연히 되돌릴 수 없다. 당신이 배우자에게 고통을 주었을 때 방어하지 않고 그 고통에 대한 증인이 되어주는 것이 치유의 선물이다.

용서와 화해, 그리고 보상의 프로토콜은 부부관계 전반에서 서로에게 상처를 준 방식에 대해 인정하고, 사과하고, 용서하도록 돕기 위해 만들어진 매우 공식적인 절차이며, 잘 짜인 체계적인 안무와 같다.

다음은 그 과정을 설명하는 유인물이다.

## 용서와 화해, 보상의 프로토콜

1) 부부의 각 구성원은 자신이 관계에서 느끼는 상처, 버림, 배신, 실망을 이야기하는 데 필요한 만큼의 시간을 가지며, 상대 배우자와 상담사는 높은 공감을 가진 증인 역할을 한다. 한 사람당 하나 이상의 세션이 필요할 수 있다.

2) 경청한 상대 배우자는 '화해의 편지'를 작성한다. 편지에는 상처를 입힌 것에 대해 온전히 책임을 인정하고 이를 반복하지 않겠다고 보장하는 헌신과 자신이 취할 일종의 보상적인 조치를 협상하겠다는 의지를 제시하는 내용을 포함한다.

3) 화해의 편지를 세션에서 읽은 다음 부부는 몇 가지 보상 조치를 협상한다. 이러한 조치에는 상처받은 배우자에게 "미안해요"라고 말할 뿐만 아니라 행동을 통해 지속해서 사과하는 것을 포함한다. 상처받은 배우자는 용서하기 위해 노력하도록 안내받는데, 이는 상처를 입힌 배우자가 보상 조치를 지속해서 수행하며 충분한 시간이 흘러야만 가능한 느린 과정이다.

4) 이번에는 보상 조치를 한 배우자가 위에서 설명한 과정을 할 차례이다. 자신의 상처를 말하고, 화해의 편지 내용을 듣고, 용서하려고 노력한다.

보통 부부 중 한 명이 더 큰 소리로 불평하고 비판하며 다른 사람은 조용하고 폐쇄적이다. 이 프로토콜의 목적을 위해서는 목소리가 더 강한 사람이 먼저 말하게 하는 편이 거의 항상 더 효과적이고 부부에게도 더 편한 방식이다. 목소리가 더 강한 쪽은 자신이 진정으로 경청 받아본 적이 없다는 느낌이 크다. 많은 사례가 찰스와 메리의 예와 유사하다. 이런 시간 동안 '청자'가 되기는 매우 어렵다.

한 아내는 남편이 상처받은 내용들을 말하는 동안 남편과 함께 소파에 앉아 있는 것을 참을 수 없었다. 그 순간 나는 그녀에게 그에게 가장 가까이 있을 수 있는 곳이 상담실에서 어디인지 물었다. 그녀는 그에게 등을 돌리고 유리창에 손을 대고 창가에 서 있기로 했다. 그가 계속해서 말하는 동안 그녀는 어깨를 떨면서 조용히 뺨에 눈물을 흘리고 그 자리에 서 있었다. 그녀는 정말로 귀를 기울였다.

내담자는 자신이 상처를 준 행동에 대한 책임을 인정하는 데 어려움을 겪는 경우가 많기에 나는 그들이 적은 화해 편지를 편집하도록 안내한다. 내담자들은 "당신이 아이들에게 할 말을 하지 못하게 해서 기분이 상했다니 안타까워."와 같은 은밀한 방어 태도로 적을 때가 많다. 자신의 상처입힌 행동을 배우자의 예민한 성격 탓으로 돌리기도 한다. "당신이 아이들과 많은 대화를 나누지 못하게 해서 미안해"가 훨씬 더 효과적인 표현이다.

다음은 찰스가 메리에게 보낸 화해 편지의 내용이다. 비교적 짧고 사무적인 느낌이 약간 있지만, 핵심을 담고 있고 그의 마음을 그의 방식으로 표현한 것 같아 편집할 필요가 전혀 없었다.

사랑하는 메리에게,

결혼 생활 동안 당신에게 상처를 준 모든 일에 대해 정말 미안해. 당신이 처음에 말한 것부터 시작할게. 우리가 결혼했을 때 당신이 섹시하고 유혹적으로 보이려고 노력한 것에 대해 당신을 수치스럽게 느끼도록 해서 정말 미안하고, 내가 그 이야기를 한 번도 꺼내지 않았고, 당신이 수년 동안 왜 성관계를 시작하지 않았는지 묻지 않은 것도 미안해.

그리고 나는 항상 "엄마가 가장 잘 안다"라는 말로 가장하여 아이들 키우는 일을 얼마나 많이 당신에게 맡겨왔는지 깨달았어.

나는 내 일을 우선으로 생각했고 그것으로 내 자존심을 키운 게 사실이야. 학부모 회의, 학교 연극, 스포츠 행사에 지각하거나 아예 참석하지 못한 것에 대해 미안해.

나의 어머니가 우리 살림과 우리 아이들의 행동 방식을 비판하셨을 때 내가 당신의 편에 서지 못한 것에 대해 미안해.

조나단이 고등학교 때 마약 문제가 있었고 내가 가족 상담을 거부했을 때 당신이 얼마나 외로웠는지 이해해.

그리고 당신과 진지하게 이야기하거나 경청하기보다 스포츠를 보거나 골프를 치는 것으로 물러났던 것도 사실이야.

또한 당신이 세심하게 우리의 예산을 관리했는데 돈을 쓰는 방식을 비판한 점 또한 미안해.

더 많은 부분을 돌아볼 수 있지만 이것이 중요한 것들인 것 같아. 당신이 세션 중에 "나는 당신과 파트너가 아니었어."라고 말했고 그것은 나의 많은 실패를 의미해. 정말 미안해.

사랑하는 메리, 나는 최고의 남편은 아니었고 어쩌면 아주 좋은 남편도 아니었겠지만 지난 시간 동안 당신을 사랑해 왔어. 진심으로. 새로운 시작을 하고 싶어. 나는 정말로 보상하고 싶어. 나는 우리 관계를 지키고 싶어.

- 사랑을 담아, 찰스

찰스가 그녀에게 편지를 읽어준 후 메리는 약간 긴장하고 불편한 표정을 지었다. 나는 재빨리 개입했다.

"메리, 당신은 찰스의 편지에 대한 반응으로 따뜻하고 사랑이 넘치는 감정을 느껴야 한다고 생각했을 수 있어요. 그러나 문장 몇 개들이 아무리 감동적이라고 하더라도, 당신이 지난 41년 동안 당연하게 여겨졌던 경험과 외로움을 다 보상할 수는 없다는 것을 알아요."

"맞아요, 트레드웨이 선생님. 저는 좀 더 반응이 있을 거라고 예상했어요. 그런데 그저 슬픈 느낌이에요."

"그래요, 시간이 필요해요. 그게 화해와 행동 보상 조치가 필요한 이유이고요. 찰스의 보상 행동들은 그가 이를 수행할 때마다 당신에게 다시 진심으로 사과하고 있다는 것과 그 아픔을 잊지 않고 있다는 것, 그리고 당신과 결혼 생활에 헌신을 담은 사랑이란 것을 볼 수 있을 거예요. 그리고 찰스 씨, 지난 몇 년 동안 두 분의 관계에 대해 당신이 할 수 있는 게 없었기 때문에, 앞으로 보상의 행동 조치가 당신이 해야 할 핵심이에요. 이것은 남편이자 파트너로서 자신에 대해 더 유능감을 가질 수 있도록 도와 줄 것이며, 메리에게 정말로 의미 있다는 것을 아시게 될 거예요. 보상 조치를 잘 수행하는 동안 메리는 당신을 진정으로 용서하고 더 나은 관계를 구축할 수 있는 방법을 찾게 될 것입니다."

***

어떤 부부들은 약간 다르게 하기로 선택한다. 먼저 서로의 감정을 공유하고, 서로에게 편지를 쓰는 차례를 갖고, 다음에 각자가 취할 행동 보상 조치를 협상한다. 찰스와 메리는 찰스가 자신의 감정을 공유하는 차례를 시작하기 전에 몇 가지 보상 행동을 개시하는 것에 동의했다. 이는 두 사람 모두 메리가 더 상처 입은 쪽이라고 동의했기 때문에 현명한 방향이었다.

그들은 메리를 기쁘게 하는 다음의 두 가지 보상 조치를 만들었다.

(1) 3개월 동안 찰스는 매일 아침 출근하기 전에 메리에게 커피를 갖다준다.

(2) 찰스는 적어도 이 계절이 끝날 때까지 주말마다 한 시간씩 그녀에게 산책하자고 제안한다.

찰스는 이러한 조치에 기꺼이 동의했다. 또한 나는 그의 모든 노력이 그의 후속 조치를 수행하는 것에 달려 있음을 가능한 한 강력하게 강조했다. 보상 조치는 신성한 약속이며 이를 수행하는 것을 잊어버리면 우리가 치유하려고 했던 오래된 상처가 다시 열릴 수 있다는 점을 강조했다.

몇 번의 세션 동안 나는 찰스의 후속 조치가 훌륭했고, 메리는 찰스가 실제로 산책하려고 의도하며 할 것임을 믿어감에 따라 꾸준히 부드러워지고 있었다. 다음은 찰스 차례였다.

찰스의 세션은 실제로 한 시간도 채 되지 않았다. 메리에 대한 그의 요점은 메리의 비판적이고 결점을 찾으려고 하는 경향에 관한 어려움이었다. 찰스는 "당신은 내가 잘한 것은 전혀 눈치채지 못하고 내가 잘못한 것만 알아차리는 것 같았어. 당신은 내가 남편이자 아버지로서 실패한 것처럼 느끼게 했어. 특히 쟈니에 대한 문제가 있었을 때 나를 '부재한 아빠'라고 비난한 게 아주 마음 아팠어"라고 말했다.

메리의 사과문은 짧고 직접적이었다. 그녀는 끊임없이 비판하고 판단하고 불평했던 것에 대해 온전히 인정하고 책임지는 모습을 보여주었다. 그리고 편지의 마무리에 다음을 적었다.

찰리, 나는 온 마음을 다해 당신을 너무나 사랑했지만, 당신은 나를 같은 식으로 사랑하지 않는 것 같았어. 그게 날 너무 슬프게 만들었고 자존감도 낮아져서 참을 수가 없었어. 하지만 이런 마음에 대해서는 말할 수 없었어. 그러다가 그냥 잔소리쟁이가 돼버렸지. 정말 미안해. 내 불평이 내 눈물이었던 것 같아(변명하려는 건 아니야) 잘못한 일이고, 그동안 당신을 너무 무너뜨려서 너무 미안해. 나는 당신을 정말 사랑하고, 우리가 이 화해를 하게 되어 기뻐.

***

메리는 편지를 찰스에게 읽어주며 울었다. 그도 눈물을 흘렸다.
나도 그랬다.

## 제8장

## 외도의 도전

THE CHALLENGES OF INFIDELITY

---

 "단지 하룻밤을 몇 번 보낸 것뿐이었습니다, 선생님. 아무 의미도 없었어요. 게다가 우리 부부관계는 소원했어요. 타라가 태어났을 때부터요."
 "좋아, 밥. 당신이 바에서 여자를 태운 것이 내 잘못이 되네. 난 이 헛소리를 감당할 수가 없어요." 캐롤이 분개하며 말했다.
 "잠깐만요, 여기에는 우리가 고려해야 할 딜레마가 있어요. 거짓말과 배신을 합리화하기 위해 그동안의 결혼 생활과 관련한 어려움을 이야기하면, 캐롤의 반응처럼 이미 상처받은 배우자의 화를 더 부채질하게 돼요. 반면, 밥의 처지에 있는 배우자는 극도의 불행과 절망을 느껴요. 그래서 배우자를 비난함으로써 자신이 상처 주었던 행동을 정당화해요. 밥은 기본적으로는 선한 분이시겠지만, 정말 옳지 않은 행동을 했어요. 그것은 거짓말이자 심지어 캐롤의 안전을 위험에 빠뜨리기까지 할 수 있는 것이었어요. 자기 행동을 합리화하기 위해 배우자와 부부관계에 대한 그동안의 분노를 사용하는 것은 매우 불공평하지만, 흔히 있는 일이에요."

"이게 말이 되나요?"

"자신의 무작위 하룻밤에 대해 저를 비난하는 사람과 살 수 없어요. 제가 밥에게 따졌을 때 그는 제 눈을 똑바로 보며 거짓말도 했어요. 감당이 안 돼요."

"네, 바로 그것이 바로 제가 결혼 생활을 개선하는 방향으로 가기 전에 배신의 상처와 거짓말을 먼저 다루는 이유예요. 캐롤, 이 과정을 통해 밥이 당신에게 얼마나 상처를 주었는지 이해하고 있다는 것을 느끼길 바라요. 그리고, 그가 자기 잘못에 대해 전적으로 책임을 인정하고, 같은 행동을 반복하지 않겠다고 헌신하는 것을 경험하길 바라요. 그리고 밥, 이 과정이 끝날 때 당신이 할 수 있는 사과와 보상은 모두 했기에 떳떳해지기를 바라요. 그때에는 '나쁜 남편'이라는 꼬리표를 떼고, 동등한 배우자가 되어, 결혼 생활을 개선하기 위한 작업을 시작할 수 있을 거예요."

"하지만 두 분은 먼저 이러한 순서로 접근하는 방식이 두 분에게 맞는지 생각해 보아야 해요. 어떤 다른 부부는 외도 문제에 대해 전혀 이야기하고 싶지 않고 단지 부부관계 개선을 위해 노력하고 싶다는 데 합의했어요. 그리고 그들에게 그것은 효과적이었고요."

"그런 일이 우리에게 통할 리가 없어요." 밥이 유감스럽게 말했습니다. "내가 저지른 짓을 먼저 처리해야 한다는 걸 알아요."

외도는 결혼 생활에서 다양한 형태로 나타난다. 포르노 중독, 채팅방, 폰섹스, 성매매, 연애, 심지어 성행위가 포함되지 않은 감정적 로맨스도 결혼 생활에 엄청난 해를 끼칠 수 있다. 배신은 행동으로 정의되는 것이 아니라 그에 수반되는 기만과 비밀로 정의된다. 대부분 외도한 사람은 그간 결혼 생활의 불만을 이야기하며 자기 행동을 정당화하지만, 불륜과 배신을 먼저 해결하도록 돕는 것이 거의 항상 효과적이다. 나는 결혼 생활의 어려움은 두 사람이 50대 50으로 동일한 책임을 지지만 비밀리에 결혼 관계를 벗어났던 선택은 100% 그 사람의 잘못이라고 말한다. 나는 여전히 부부가 스스로 상담 주제에 대한 옵션을 고려하고 선택하기를 원하지만 이런 내 생각을 꽤 공개적으로 말한다. 이는 부부가 불륜을 직접적으로 다루었을 때 회복될 가능성이 가장 높다는 수십 년간의 경험에 근거한다.

캐롤과 마찬가지로 배신당한 배우자들은 자기 삶이 망가졌다고 느낄 뿐만 아니라, 자신이 엉터리 세계에 살고 있었고, 무슨 일이 일어날지 짐작도 하지 못한 자신이 어리석었다고 느끼는 경향이 있다. 이에 따라 언제, 어디서, 무엇을, 어떻게, 왜 등을 포함한 엄청난 양의 세부적인 질문을 외도한 배우자에게 쏟아낸다. 보통 외도한 배우자는 세부 사항을 최소화하거나 생략한다. 모든 진실이 결혼 생활을 파괴할 수 있다는 두려움 때문에 방어적으로 거짓말을 하거나 실제로 세부 사항을 잊어버린다. 부부의 회복 가능성을 낮추는 것은 보통 이렇게 통제 불가능하게 계속되는 질의응답의 상호작용이다.

## 상담의 단계

처음부터 나는 다른 부부들에게 성공적이었던 상담 계획을 공유한다. 불륜으로 인해 위기에 처한 부부는 둘 중 한 사람 또는 두 사람 모두 이혼이 불가피하다고 판단하는 와중에 상담실에 온다. 나는 그들에게 회복의 길이 있다는 것을 알려주며, 결정을 내리기 전에 화해와 치유의 가능성을 탐색할 수 있는 선물 같은 시간을 갖도록 안내한다. 나는 그들의 희망을 붙들어주는 역할을 한다.

## 1단계: 위기관리

첫 번째 단계는 부부가 문제를 해결하기로 한 상담기간 동안 함께 공존하는 방법을 협상하는 것이다. 그들은 해결해야 할 상당히 긴 문제 목록을 가지고 있다.

(1) 부부는 먼저 함께 살지, 각방을 사용할지, 아니면 치료적 별거를 할지 결정한다.

(2) 그리고 나면 구조화되고 시간제한이 있는 방식으로 문제에 대해 안전하게 이야기할 방법을 사용한다. 공식적인 말하기/듣기 형식(최소 24시간 간격으로 15분 동안 적극적 경청하기) 또는 대화형 말하기/듣기 형식의 3분 동안 번갈아 말하기를 한다. 상담실 밖에서 부부가 외도 사건의 세부 사항과 질문, 감정에 대해 이야기하도록 권장되는 유일한 시간이다.

(3) 부부는 통제 불능의 싸움으로 커지는 것을 막기 위해 타임아웃을 효과적으로 사용하는 방법을 배운다.

(4) 부부는 상담사를 활용하여 화를 분출할 수 있도록 세션 사이에 나에게 이메일을 쓰거나 전화할 수 있다. 부부 각자가 개별 세션과 그룹 상담이 필요할 수 있다. 나는 그들에게 필요할 모든 질문과 답에 대해 충분한 시간을 가질 것이라고 분명히 말한다.

나는 밥과 캐롤에게 이렇게 말했다. "부부들은 이런 충격적인 사건들을 이겨냅니다. 그러나 치유하려면 구조와 시간의 선물이 필요해요. 여러분의 회복을 돕는 계획이 분명히 있지만 그것도 연습과 인내가 필요해요. 우리는 부부가 안전하게 공존하도록 돕고, 자녀 공동 양육 방법을 신중하게 계획하고, 친구와 가족에게 무엇을 말할지 결정하는 작업을 할 거예요. 그리고 정해진 시간과 장소에서 구조적이고 신중한 방식이 아니라면, 이 엄청나게 고통스럽고 자극적인 감정을 억제하는 연습을 할 것입니다."

## 2단계: 공개

나는 밥과 캐롤에게 말했다. "다음은 '공개 단계'에요. 밥이 저지른 모든 외도 관련 행동의 타임라인을 제시하는 것을 포함해요. 여기서 캐롤은 원하는 모든 질문을 할 기회를 가질 거예요. 질문은 또 다른 질문을 낳기 때문에 힘들겠지만, 더 많이 질문할수록 더 많이 이해하려고 노력하실 거예요."

"좋아요, 트레드웨이 선생님. 그는 항상 '기억나지 않아' 또는 '그건 상관없어'라고 대답하는데 이게 나를 정말 화가 나게 해요. 저는 저녁 늦게까지 아이와 함께 집에 있곤 했어요. 전화가 와서 늦게까지 일해야 한다고 하더군요. 그래서 저는 그가 매춘부와 놀아나는 동안 스토브에 그의 식사를 따뜻하게 데우면서 기다리는 착하고 멍청한 여편네였어요. 그는 도대체 무슨 생각이었을까요? 나는 궁금한 게 너무 많아요."

나는 밥에게 말했다. "이것이 캐롤의 현실인 것을 이해해야 해요. 그녀의 삶은 산산조각이 났어요. 당신은 별것 아니라고 합리화했을 수 있어요. 그녀가 모른다면 해를 끼치지 않을 것이라고. 그런데 갑자기 그녀는 '우리가 이것저것을 하는 동안 거기서는 무엇을 하고 있었을까?'라는 주제로 자신의 지난 3년 전체를 재구성하고 있어요. 악몽이에요."

"이해하려고 노력하고 있어요." 그가 작게 대답했다.

## 3단계: 용서와 화해, 그리고 보상

나는 말했다. "그런 다음 우리는 용서와 화해, 그리고 보상 단계를 수행할 거예요. 이때 캐롤은 밥에게 그가 한 행동에 대해 느낀 모든 감정을 말할 수 있는 한 두 시간을 가질 거예요. 그러면 밥은 모든 책임을 인정하는 신중하고도 깊은 공감을 담은 편지로 답할 거예요. 이 과정을 제가 도울게요."

"그런 다음, 이 사과의 깊이와 진실성을 보여주기 위해 밥이 취할 수 있는 보상 조치를 논의할 거예요. 어떤 아내는 남편에게 그의 가족이 4세대를 걸쳐 여름을 보내던 낸터킷에 있는 재산의 지분을 팔라고 요구했어요. 그가 비수기에 주말여행으로 다른 여자를 데리고 갔던 곳이었거든요. 그는 그 요청에 겁을 먹었지만, 협상할 수 없는 상황이었어요. 대부분 보상 조치는 이보다는 다소 덜 엄격하지만, 진정으로 의미 있는 것이어야 해요."

"어떤 남편은 상사와 불륜을 저지른 아내에게 직장을 그만두라고 했고, 결국 다른 부서로 옮기는 것으로 합의했던 예도 있어요. 내가 본 가장 부드러운 보상 조치 중 하나는 아내가 남편에게 1년 동안 술을 끊으라고 요청한 것이었어요. 이 사람은 술을 아주 드물게 적당히 마시는 사람이었기에 처음에는 어리둥절했어요. 그해 모든 저녁 식사 모임, 명절 행사 및 가족 행사에서 웨이터에게 '물만 주세요'라고 요청했고, 이로써 아내의 고통을 기억하고 있다는 것을 그녀에게 전달했어요. 여전히 지금도 하고 있고요. 이제 자신들만의 공유 비밀이 된 거죠. 치유적이었어요."

부부의 결혼 생활 개선 단계는 용서와 화해, 그리고 보상 프로젝트가 잘 진행된 후에야 가능하다. 부부는 거짓말과 배신의 역사가 결혼 생활에 매우 긴 그림자를 드리운다는 것을 알지만 그렇게 치유하고 개선해 간다.

내가 밥과 캐롤에게 말을 많이 하면서 광범위한 계획을 보여주고 있다고 생각하는 독자도 있을 것이다. 하지만 이렇게 상처받은 부부들에게는 험난한 산을 오르는 검증된 길이 있다는 사실과 내가 경험이 풍부한 가이드라는 사실을 알리는 것은 위기에 처한 부부를 안정화하는 데 도움이 된다.

그러나 나의 설명보다 더 중요한 것은 그들이 나눈 다음의 대화이다.

캐롤이 회의적으로 대답했다. "전부 훌륭하고 좋게 들려. 그런데 당신이 이것들을 할 것 같지 않아."

"또 득달같이 달려들어 나를 판단하네. 늘 그렇듯이."

"캐롤 말이 맞나요, 밥?" 나는 물었다.

"아니에요, 진짜!"

나는 개입했다. "캐롤, 지금은 그를 믿을 수 없지만 기회를 주어봐요. 진정한 변화를 향한 첫걸음이 될 수 있어요"라고 말했다.

"그가 하겠다면 나도 할게요."

## 4단계: 새로운 결혼 생활 만들기

부부가 결혼 생활을 개선할 준비가 되었을 때는 이미 나의 상담에서 전형적으로 연습하는 의사소통과 노력하는 사랑의 많은 기술을 습득한 시점이다. 그들은 이미 변화의 과정을 시작했다.

그러나 가장 중요한 것은 부부가 진정으로 새로 시작하고 있다고 느끼는 것이다. 나는 눈보라가 치는 밤 이후면, 아들들과 빨리 체어리프트를 타고 싶어 했던 것을 기억한다. 우리는 새로운 눈밭에 새로운 길을 남기는 첫 번째 사람이 되는 순수한 기쁨을 누렸다. 부부들도 새로운 길을 만들기를 원하며 이는 필요한 과정이다. 부부는 이전 단계에서 작업한 일기나 편지를 태우거나 새로운 가구를 사들이거나, 재시작과 재헌신의 의미를 담은 의식을 수행한다.

부부관계의 진전에도 불구하고 친밀감과 성관계를 회복하는 과정은 넘어야 할 마지막 장애물이다. 분명히 성관계는 부부 밖에서 일어난 일을 연상시키기 때문에 부부 중 한 사람 또는 두 사람 모두에게 다시 트라우마가 될 수 있다. 나는 그들이 침실에서 서로에게 돌아갈 길을 찾으려고 노력하기 전에 기다리도록 권장한다.

이전 장에서 성적 친밀감 증진을 위해 제시한 활동들은 그들에게 과거를 연상시키지 않는 새로운 것이고, 느린 속도와 개방적인 의사소통을 결합한 구조를 제공하기에 이 단계의 부부에게 잘 작동한다. 회복에 성공한 많은 부부가 새롭고 향상된 결혼 생활을 하고 있음을 느낀다. 한 남편은 "우리가 새로운 결혼 생활을 하고 있어서 변호사들은 한 푼도 받지 못했답니다."라고 기쁘게 말했다.

그러나 배신의 그림자는 길다. 부부가 아주 잘 지내더라도 진정한 신뢰는 가장 늦게 회복되는 감정이다.

나는 밥과 캐롤에게 다른 부부가 외도의 상처에서 매우 천천히 치유된 이야기를 들려주었다.

"이 부부는 아내도 수년 동안 알고 지내던 비서와 남편 사이에 있던 외도의 상처에서 회복하는 데 상당한 노력이 필요했어요. 두 사람 모두 최선을 다해 노력했고 3년 후 안정적으로 상담을 종결할 수 있었어요."

"그 부부는 2년 후에 다시 내게 와서 찰스턴으로의 휴가 중 겪었던 고통스러운 순간에 관해 이야기했어요. 그들은 보스턴의 뉴베리 같은 거리를 따라 손을 잡고 산책하며 즐거운 시간을 보내고 있었는데, 남편이 진열장에 있는 원피스를 가리키며 아내에게 '저것 좀 봐, 당신에게 잘 어울릴 거야'라고 말했어요. 아내는 그것을 보자마자 전혀 자기 스타일이 아니라는 것을, 그 비서의 스타일이란 것을 알았어요. 아내는 눈물을 흘리며 남편을 바라보며 물었어요. '당신 누구를 생각한 거야?' 남편은 움찔했지만 조금도 방어적인 자세를 취하지 않았어요. 그는 너무나 고통스러운 얼굴로 아내를 품에 안고 '정말 미안해. 정말 미안해'라고 계속해서 속삭였어요."

"두 사람 모두에게 이런 아픔은 보이지 않는 마음 이면에 여전히 남을 거예요." 나는 계속해서 말했다. "그러나 그들은 아픔을 함께 안고 서로를 붙잡아 줄 수 있었어요."

나는 캐롤과 밥을 보며 말했다. "5년이란 긴 시간을 노력했어요."

캐롤과 밥은 이야기를 들으며 조용히 앉아 있었다. 캐롤은 손을 내밀었고 밥이 그 손을 잡았다.

"당신도 그렇게 할 수 있을까?" 그녀가 물었다.

밥이 조용히 대답했다. "모르겠어. 내가 그렇게 할 수 있을지 정말 모르겠어."

"고마워." 캐롤이 말했다. "그게 내가 믿을 수 있는 답이야."

# 제9장

# 부부의 원가족 다루기
## WORKING WITH COUPLES' FAMILY OF ORIGIN ISSUES

잭은 눈물로 뺨을 적시면서 어깨를 떨었다. 그는 아버지의 팔에 안긴 소년의 사진을 들고 있었고, 아내 낸시는 그에게 가까이 앉아 있었다. 그의 아버지는 제복을 입고 있었다.

"저는 겨우 4살이었어요." 그가 머뭇거리며 말했다. "하지만 이 사진은 기억나요. 그가 전쟁에 나갔을 때였을 거예요."

"다시 그를 본 적이 없지만 기억해요. 어렸을 때 이후 이 사진을 본 적이 없는데 낸시가 찾았어요. 이런, 나의 실패에 대해 그가 어떻게 생각할지 모르겠네요."

우리의 원가족 경험은 인생의 동반자를 찾아 가족을 이루는 과정에 큰 영향을 끼친다. 생애 초기의 행복은 재현하고, 고통은 피하고, 상처는 치유하려고 시도한다. 어린 시절의 관계 경험은 성인기의 친밀한 관계에 대한 희망과 꿈, 두려움과 방어의 원형을 제공한다. 포크너가 말했다. "과거는 절대 죽지 않는다. 그래서 그것은 과거도 아니다."

상당수의 부부를 허니문 단계에서 '생활' 단계로 이동시키는 요인은 가족의 모습이 어떠해야 하는지나 어때서는 안 되는지에 대해 학습한 기대이다. 사람들은 사랑에 빠졌을 때 종종 깊은 치유를 경험하며 어린 시절의 필요와 갈망이 성취되었다고 착각한다. 조건 없이 사랑받는 놀라운 느낌을 경험하기도 하지만, 우리가 잘 알다시피 이 허니문 단계는 오래 지속되지 않는다. 뒤따르는 고통과 실망은 어린 시절의 대처 기제가 작동하도록 자극하는데, 예를 들면, 공격하거나 물러나기, 더 열심히 노력하거나 무시하기, 회피하거나 다른 곳에서 위안받기 등이다.

이러한 정신 역동적 문제는 상담사들에게 친숙하다. 원가족에서 경험한 상처의 치유는 개인상담의 핵심이다. 머리 보웬(Murray Bowen), 모니카 맥골드릭(Monica McGoldrick), 하빌 헨드릭스(Harville Hendrix), 피아 멜로디(Pia Melody), 수 존슨(Sue Johnson) 등의 상담 이론은 원가족 경험이 부부관계에 끼치는 영향을 이해하게 해주고, 비난은 줄이고 연민은 깊어지도록 하는 데 상당히 효과적이다.

내가 부부에게 제시하는 세 가지 옵션 중에 원가족 역동에 대한 이해와 그들의 결혼 생활과의 관련성을 다루는 주제가 가장 적게 선택되는 편이다. 내 내담자들은 상담사인 경우가 많기에 대체로 정신역동과 친숙하며, 자신이 원가족 이슈를 해결해 왔듯이 자연스럽게 배우자도 그들의 원가족을 다루기를 원한다. 그러나 그들의 배우자는 이 옵션을 선택하기를 꺼린다. 이미 미해결된 원가족 문제에 대해 비난받아 온 경우가 많기에, 그들의 배우자와 상담사가 연합하여 자신의 문제를 비난할까 봐 두려워한다.

상담 경험이 거의 없는 내담자의 경우, 원가족에 대한 작업은 현재의 절박한 필요에서 거리가 멀고 추상적으로 보인다. 그래서 나는 그 주제를 상담에서 다룰 수 있음을 부부에게 귀띔하고, 상담 과정 도중 원가족 이슈가 부부 역동에 미치는 영향이 명백하게 드러나면, 그때 작업할 수 있도록 격려한다.

예를 들어, 내가 '용서와 화해, 그리고 보상의 프로토콜'로 상담했던 부부는 심각한 원가족 이슈가 계속되고 있음이 드러나, 이 프로토콜 수행을 잠시 멈추고, 원가족 역동을 다루는 짧은 우회 세션을 가졌다.

원가족 역동을 다루는 옵션을 포함하기로 선택한 경우, 이 주제를 다루는 첫 번째 회기를 나는 '사진 세션(Pictures session)'이라고 부른다.

나는 부부에게 어린 시절부터 청소년기까지 자신과 부모, 형제자매의 사진을 10~15장 가져오길 요청한다. 그리고 사진의 내용과 그 사진을 선택한 이유를 설명하도록 하면서 어린 시절의 경험에 집중하여 질문한다.

많은 부부 중 한 사람 또는 두 사람 모두 심리적 외상이 있다. 꽤 평범한 어린 시절을 보낸 것처럼 보이는 이들도 나름의 고통과 실망, 투쟁을 지닌 채 살아왔다.

짐과 신디에게 심리적 외상은 없었지만 해결해야 할 것이 많았다. 신디의 첫 번째 사진은 갓난 아기가 자신을 안고 있는 고압적인 인상과 긴장한 미소를 지닌 여성을 밀치는 모습이었다.

"이 사진은 엄마와 나의 관계를 완벽하게 포착하고 있어요. 엄마는 나를 너무 꽉 붙잡고 있고 나는 도망치고 싶어 하는 거예요."

다른 사진은 신디가 초등학교 3학년이었을 때였다. 그녀는 하얀 성찬식 드레스를 입고 있었고, 가운데가 갈라져 완벽하게 양 갈래로 땋은 금발의 머리는 단단히 묶여 있었다. 그녀는 우아하고 프로페셔널한 미소와 공허한 눈빛으로 카메라를 응시했다.

"이 사진은 당신에게 무엇을 의미하나요?" 나는 물었다.

"저는 그것을 '껍데기'라고 부르죠." 그녀는 약간 자부심을 품고 말했다. "제 사진의 대부분은 그런 모습이에요. 옷을 잘 차려입은 예쁜 '착한 소녀'가 항상 웃고 있어요. 사실 나는 그 미소 뒤에 숨은 거예요. 그래서 아무도 진짜 나에게 접근할 수 없었어요." 다음으로 그녀는 부모와 오빠 둘이 있는 가족사진을 보여주었다. 온 가족이 윤기가 흐르는 미소를 짓고 있었다.

"이 사진에서는 무엇을 보나요?" 내가 물었다.

신디는 웃음을 참으며 말했다. "미소 뒤에 숨어 있는 사람이 나뿐만이 아니라는 점이요."

짐이 끼어들었다. "선생님이 휴일에 그녀의 가족을 보셔야 해요. 그들은 전부 늘 이 사진 같아요. 그래서 나는 그들을 '억지 가족 놀이(Forced Family Fun)'의 줄임말인 FFF라고 불러요." 둘 다 웃었다. 그러나 짐이 훨씬 더 크게 웃었다.

"결혼 생활에서 두 사람 사이에 이런 모습은 어떤 식으로 나타나나요?" 나는 물었다.

"음, 말씀드리죠."

"잠깐만요, 짐. 신디가 먼저 저의 질문에 대답해 주실래요?"

"남편은 항상 그들이 얼마나 가짜인지 말해요. 그건 사실이에요. 그는, 내가 그에게 '진실'하지 않고, 내가 자기를 어떻게 느끼는지 모르겠다며 항상 불평해요."

짐이 끼어들었다. "그건 당신이 항상-"

"잠깐만요." 나는 짐이 끼어드는 두 번째 시도를 막았다. "지금은 신디의 경험에 집중하는 것이 중요해요. 조금 후에 당신의 사진을 보는 시간에 당신의 이야기를 더 잘 듣고 이해할 수 있을 거예요."

그러고 나서 우리는 짐의 사진을 보았다. 그는 카메라를 노려보고 있는 강하고 사나운 성격의 소년처럼 보였다. 다른 네 명의 남동생과 누나들은 훨씬 여유롭고 편안해 보였다.

"짐, 사진 속 자기 모습이 어때요? 당신은 형제자매보다 더 심각한 표정을 짓고 있어요."

"흠, 이때는 아버지가 하고 다니는 짓이 발각된 시기예요. 나는 아버지가 항상 둘러대던 '야근'이 사실은 외도였다는 것을 알게 되었어요. 이때가 아마 9살일 거예요. 어머니가 나에게 자주 남동생들을 돌보게 시켰어요. 그녀도 걸렸어요. 어머니가 이미 술을 많이 마시기 시작했다는 것은 당시에 몰랐고요. 우리 집에는 많은 비밀이 있었던 거죠. 내가 화난 것 같긴 한데 정말 그랬는지는 기억나지 않아요. 나는 책임이 주어지는 것과 어머니가 나에게 의지하는 것을 좋아했어요. 내가 중요한 존재인 것 같았거든요."

"첫째로서의 존재감이 커졌지만, 숨겨진 문제들도 많이 있었군요." 나는 신디의 '미소 뒤에 숨는' 행동과 짐의 상처 사이의 명백한 연결 고리를 말하기 시작했다.

"있잖아요, 짐. 그리고 신디." 나는 의자에 등을 기대고 둘에게 말했다. "사진이 말해주는 진실이 있는 것 같아요. 약간 궤변처럼 들리더라도 이해해 주세요. 신디, 당신의 과묵함과 주저하는 경향이 짐에게는 마치 당신이 뭔가를 숨기는 느낌을 주고 있는 것 같아요. 그리고 짐, 항상 '착한 소녀'가 되기 위해 노력하며 자신을 보호하는 신디의 곁에서 자주 실망하고 긴장하는데, 이 감정은 분노로 좀 더 많이 표현되는 것 같아요."

짐은 웃으며 말했습니다. "그럴듯하게 들리긴 하네요."

세션을 종료하면서 나는 "이제 각자 자신을 가장 잘 포착한 사진을 선택하고 배우자와 교환하세요. 신디, 앞으로 몇 주 동안 짐의 사진을 연민의 마음으로 바라보는 시간을 종종 가져보세요. 어깨에 세상의 무게를 짊어지고 있는 긴장된 어린 소년을 만나 보세요. 짐, 아기가 엄마를 밀어내면서 울고 있던 첫 번째 사진을 기억하면서 이 완벽하게 연출된 소녀의 사진을 보세요. 웃도록 단련된 어린 소녀를 친절하게 마음으로 안아주세요. 더 많은 이야기들이 있을 겁니다."

## 심리적 외상

원가족 탐색 도중 부부 중 한 명 또는 두 명 모두 신체적 또는 성적 학대나 유기, 방임과 같은 심각한 외상을 경험했음이 종종 드러난다. 많은 부부 상담사는 이러한 주제에 대해 다른 상담사에게 개인상담을 의뢰하는 경향이 있다. 그러나 부부상담에서 어린 시절의 트라우마를 다루는 것은 부부가 더 깊이 연결되고 친밀감을 느낄 수 있게 돕는 심오한 기회가 될 수 있다. 개인상담과 부부상담에서 동시에 그 이슈를 다루는 것이 효과적일 때가 많다. 한 배우자가 어린 시절의 고통에 마음을 열 때 배우자(상담사뿐만 아니라)가 함께하는 것은 강력한 위로와 치유의 원천이 된다.

모든 어린 시절에는 투쟁, 고통 및 불안이 있다. 한 사람은 심각한 외상 이력이 있고 다른 사람은 꽤 평범한 어린 시절을 보낸 부부와 상담할 때, 더 평범한 성장배경이 있는 배우자의 투쟁과 고통에도 초점을 지속해서 충분히 두는 것이 중요하다. 또한 트라우마 이력이 있는 배우자가 갑자기 '상담이 필요한 환자(Identified Patient)'가 된 것처럼 느끼게 하지 않도록 하는 것도 중요하다.

　부부 중 한 사람 또는 두 사람 모두에게 심각한 외상이 있는 경우 이러한 문제를 직접 다루는 것이 도움이 된다. 나의 경우, 함께하는 개인상담이라고 부르는 세션을 몇 개 갖는다. 세션을 반으로 나누고 한 명에게 집중하는 시간을 번갈아 갖는다. 부부 중 한 사람의 어린 시절의 고통을 다루는 동안 옆에서 경청하며 참여하는 배우자는 방어적인 경향이 줄고 배우자에게 더 연민을 갖게 된다(사진 세션처럼). 부부 중 한 사람이 더 심각한 트라우마 경험이 있는 경우 시간을 다르게 나눌 수 있으며 배우자는 트라우마 생존자를 어떻게 긍정적으로 지원할지 초점을 맞출 수 있다.

## 치료 목표

　원가족에서 심리적 외상 경험이 있는 부부 내담자에 대한 개입은 다음의 세 가지 주요 목표를 포함하는 것이 효과적이다.

　(1) 성장 과정에 대한 내담자의 이해를 심화시켜서 자신의 어린 시절이 현재 부부관계에 미치는 영향을 더 잘 이해할 수 있도록 한다.

　(2) 무기력하고 수동적인 입장에서 벗어나 학대하는 부모와의 관계를 주체적으로 통제할 수 있도록 임파워먼트 한다.

　(3) 애도할 수 있도록 돕고, 어린 시절의 상처가 자기 잘못이 아니라는 것을 인식하게 한다. 어린 시절에 배운 역기능적 대처 행동에 대해 자신을 용서하고, 성인으로서의 대처 행동이 개선되도록 돕는다.

　상처 없이 성장한 사람은 없지만 학대적인 가족 체계에서 자란 사람은 다른 이들보다 더 큰 상처를 안고 있다. 그들이 성장의 혼란을 이겨내는 데 도움이 된 어린 시절의 생존 전략이 성인기 대인관계에는 종종 장애가 된다.

## 성인기 대인관계에서의 어린 시절 대처 기술

트라우마 생존자 대부분은 역기능적인 원가족에서의 성장 경험과 그들이 호소하는 현재 문제 사이의 연관성을 잘 인식하지 못한다. 그러나 그들의 낮은 자존감, 신뢰의 어려움, 해결되지 않은 의존성, 폐쇄된 정서의 유산으로 인해 다양한 부적응 대처 기술을 갖고 있을 가능성이 높다. 상처받는 것에 대한 강한 두려움과 양육적인 보살핌에 대한 강한 욕구는 이들의 대인관계 주요 역동이다. 생존자들의 이런 안전과 친밀감에 대한 욕구는 상호 모순적이다. 친밀감 형성은 서로 신뢰하고 지지하며 의지할 수 있는 두 사람의 관계를 기반으로 한다. 트라우마 생존자에게 이것은 매우 안전하지 않은 위치이며 거의 항상 어린 시절의 위험, 공포 및 함정에 대한 감각을 불러일으킨다.

따라서 생존자들은 종종 안전을 희생하지 않는 형태의 친밀감을 찾기 위해 무의식적으로 고군분투한다. 많은 이들이 다른 사람과 너무 가까워지는 것을 피한다. 상처를 입을 위험이 있는 친밀한 관계보다 혼자인 삶을 선호하거나, 자기 보호적인 부분적 친밀감에 참여하는 방법을 찾는다. 정서적 친밀감은 받아들일 수 있지만 성적 친밀감은 불가능하거나 그 반대일 수 있다. 그들은 정서적 추적자(pursuer)가 될 수 있으며, 그렇게 함으로써 추구되기를 기다리는 불안을 피할 수 있다. 또는 거절의 위험을 피하면서 회피자(distancer) 역할을 할 수도 있다. 어떤 사람들은 모든 정서적 계란을 한

바구니에 담기보다 여러 관계에 나누어 유지함으로써 관리한다.

마지막으로, 친밀한 관계에서 생존자들은 어린 시절의 상처에 대한 감정적 보상을 구하는 경향이 있는데, 이는 거의 항상 실패한다. 그들의 배우자는 생존자를 아무리 사랑하더라도 그들의 과거를 진정으로 보상할 수는 없기에 자신이 배우자로서 부족하다는 느낌으로 힘들어한다. 결국 자신이 하는 노력은 절대 충분하지 않다고 느끼고 좌절하다가, 거리를 두는 경향으로 발전한다. 이 경향은 다른 사람들이 결국 그들을 버리거나 해칠 것이라는 생존자가 지닌 최악의 두려움을 자극한다.

데니스는 30대 중반의 매우 유능한 여성으로 성공적으로 사업과 가정을 운영해 왔다. 그러나 남편 롭과 자녀 계획에 대한 의견 차이가 있었다. 그녀는 아이들은 너무 까다로우며 그녀의 경력과 결혼 생활을 방해할 것이라고 여겼다. 자녀 계획 외에도 남편은 모든 영역에서 그가 주도권을 잡도록 내버려 두지 못하는 그녀의 통제적인 행동에 대해 불만이 많았다. 데니스는 자신의 행동이 결혼 생활에 방해가 된다는 것을 깨달았고, 자녀를 갖는 것에 대한 저항이 어린 시절에 뿌리를 두고 있음을 발견했다. 그녀는 다섯 살 때 아버지가 떠난 후, 심각한 알코올 중독자 어머니와 함께 살면서 생활을 매우 유능하게 관리하는 법을 배웠다.

나는 그녀가 어린 시절의 아침 일과를 남편과 나에게 설명하던 세션을 기억한다. 그녀의 어머니는 보통 거실 소파에서 술에 취해 쓰러져 있었고, 데니스는 등교할 옷을 갈아입고 남동생에게 옷을 입혔다. 그리고 아침을 만들고 도시락을 싸서 남동생의 손을 잡고 학교로 걸어갔다.

"몇 살이었죠, 데니스?" 나는 부드럽게 물었다.

"아, 아마도 6살이나 7살쯤일 거예요." 그녀는 그것이 세상에서 가장 평범한 일인 것처럼 밝게 말했다. 그녀는 분명히 자기 능력을 상당히 자랑스러워했다.

세션이 끝날 때 나는 그녀에게 물었다. "당신은 게임을 좋아하나요?"

"선생님은 제가 게임을 안 한다는 것을 아시겠죠." 그녀는 웃으며 말했다. "맞아요, 데니스. 하지만 두 분이 약간 놀랄 수 있는 제안을 하려고 합니다. 제가 남편을 복도에 데리고 나가서 그에게 개인적으로 말해도 될까요?"

"나는 놀라는 것을 좋아하는 편은 아니지만 도움이 된다면 할게요."

나는 복도에 롭을 데리고 나가서 그에게 주중에 아동복 가게에 들러 점원에게 6세 반 소녀를 위한 보통 크기의 드레스를 골라 달라고 해서 가져오도록 말했다. 그는 내가 두 개의 머리를 가진 이상한 사람인 것 마냥 쳐다보았다.

다음 세션에서 나는 데니스에게 말했다. "준비됐나요? 롭이 당신에게 준비한 것을 보여주겠습니다."

롭은 그녀의 무릎에 상자를 올려놓았고, 그녀는 감청색 물방울 무늬가 있는 작은 드레스를 꺼내 올렸다. 그녀는 나를 돌아보며 말했다. "어린 여자아이를 위한 드레스네요. 요점이 뭔가요, 선생님?"

"이 드레스는 몇 살짜리 여자아이에게 어울릴까요, 데니스?" "모르겠어요. 아마 3살이나 4살 정도 일 것 같아요. 정말 작아요."

"그것이 요점이에요. 이 드레스는 보통 크기의 6세 반 소녀를 위한 것입니다. 당신이 아침 식사와 도시락을 준비하고 당신과 당신의 남동생이 혼자 버스를 타던 그 나이였습니다." 데니스는 거의 질식할 지경으로 많은 눈물을 흘리며 울었다. "하지만 너무 작아요. 너무 작아요."

그녀는 자녀 계획에 대한 두려움이 실제로는, 어린 소녀로서 자신과 남동생을 돌보던 부담과 책임에 기반한다는 것을 진정으로 이해하기 시작했다. 그리고 모든 것을 통제하고 있다고 느껴야 하는 이유도 더 잘 이해하기 시작했다. 그것이 그녀가 용감하게 살아남았고, 심지어 번성하게 한 방법이었기 때문이다.

이러한 유형의 극적인 돌파구를 상담에서 흔히 사용하는 것은 아니지만, 과거에는 효과적이었던 대처 기술이 성인 관계에서는 어떻게 문제가 될 수 있는지를 극적으로 경험할 수 있게 도와주었다.

또 다른 접근은 '지금-여기'에서 내담자가 주체적으로 학대적인 부모와의 관계를 바꾸도록 돕는 것이다. 부모의 학대에 맞서거나, 용서하기 위해 노력하거나, 더 완전히 분리하는 것과 같은 다양한 선택을 할 수 있다. 내담자마다 적합한 방향을 찾는 게 중요하다.

마샤에게 알맞은 조치는 정서적으로 학대하는 어머니와의 끝없는 줄다리기에서 '줄 놓기' 방법을 배우는 것이었다. 80대인 그녀의 어머니는 여전히 마샤의 모든 것을 비판하고 얕잡아 보았고, 마샤는 항상 반항적인 청소년처럼 반응했다. 이는 그들의 연례 만남을 엄청난 스트레스와 좌절의 소용돌이로 만들었다. 마샤와 남편 폴은 마샤 어머니의 끊임없는 비판에 대해 '줄 놓기'라는 은밀한 게임을 해보기로 했다. 눈에 띄게 삐뚤어진 그림, 거실 의자에 널브러진 옷, 테이블에 내버려 둔 우유, 흐트러진 욕실, 지저분한 책상, 어울리지 않는 의상 등 어머니가 비판할 만한 엉뚱한 배치를 7-8개 만들었다. 그리고 그녀의 어머니가 주말 동안 이 숨은 그림을 찾는 데 얼마나 걸릴지, 몇 개를 찾아내 비판할지 내기했다. 그리고 어머니의 모든 비판에 즉시 동의하면서, 어머니의 지시대로 전부 수정하기로 했다.

주말 동안 마샤의 어머니는 그들이 심어놓은 모든 결점을 지적했으며, 이외의 다른 훨씬 더 많은 것을 지적했고, 마샤는 어머니의 모든 의견에 꾸준히 유쾌하게 반응했다. 마샤는 어머니가 그들이 예상한 것보다 훨씬 더 많은 것을 지적할 것이라고 정확하게 예상함으로써 내기에서 이겼다.

그녀의 어머니는 최고의 방문이었다고 만족해했고 공항으로 가는 길에 마샤에게 항우울제를 복용하고 있는지 물었다. 마샤는 유능하고 성숙한 여성이라는 감각이 어머니의 인정을 얻거나 어머니에게 맞서 싸우는 행동에 달린 게 아니라는 것을 깊은 차원에서 깨달았다. 그리고 그녀는 남편과 장난스럽고 음모 가득한 팀이 되는 친밀함을 완전히 즐겼다.

원가족 작업의 마지막 단계에서는 역기능 가족이나 알코올 중독 가정에서 성장한 자신에 대한 복잡한 감정을 다룬다. 트라우마 생존자들이 어렸을 때 경험한 학대에 대해 하는 자책은 정말 놀라울 정도다. 아동은 부모가 정상이 아님을 이해할 방법이 없기에, 부모의 학대나 술에 취한 모습, 방임에는 자신의 책임도 있으리라 생각한다. 트라우마 생존자들이 자기 연민 대신 자기 친절을, 방종 대신 자기 돌봄을, 자격이 아닌 권한을 갖게 하도록 돕는 것이 치유 여정의 핵심이다. 그들은 과거를 바꿀 수는 없지만 과거의 포로가 되지 않는 방법을 배울 수 있다. 생존자들은 어렸을 때 사용한 방어가 종종 성인이 되어 자멸적인 것으로 판명되더라도 그 당시에는 유용했음을 받아들이는 법을 배운다. 정서적으로 결핍된 여섯 살짜리 아이는 많은 음식으로 자신을 양육했고, 학대받은 소년은 다른 아이들을 괴롭혔으며, 겁에 질린 여덟 살의 아이는 극도로 수줍음이 많았다. 그들은 단지 어린아이였던 것이다.

가끔 나는 내담자들에게 12세 미만의 어린 시절 자신에 대한 이미지를 마음에 떠올리게 하고 그 아이가 무엇을 느끼고 있는지, 어떤 두려움이 있는지, 얼마나 열심히 노력하고 있는지, 얼마나 외로움을 느끼는지 상상해 보라고 요청한다. 그런 다음 시간을 거슬러 돌아갈 수 있다면 그 아이에게 무엇을 주고 싶은지 잠시 생각해 보라고 한다. 다음은 그 대답의 일부 예이다.

"이 상황이 영원히 지속되지는 않을 거라고 말해줄 거예요."

"나는 그의 친구가 될 것이고 우리는 함께 놀 거예요."

"상황을 더 좋게 만드는 방법을 몰라도 괜찮다고 말해줄 거예요."

"그녀가 안전하게 쉴 수 있는 장소를 마련해 줄 거예요."

"그냥 안아줄래요. 그것으로 충분해요."

"언제나 그를 사랑하겠다고 약속할 거예요."

내담자가 자신을 더욱 효과적으로 양육하도록 돕는 다양한 방법이 있다. 나는 내담자가 요가, 명상, 일상 운동과 같은 건강한 자기 돌봄을 계획하고, 자기에게 긍정적인 확신을 갖는 것을 연습하고, 성격적 단점을 받아들이고, 잃어버린 어린 시절을 애도하는 방법을 배우도록 권한다. 예를 들어, 어린 시절 자신의 감정을 전혀 표현하지 않고 침묵의 벽 뒤에 숨어서 생존해온 내담자가 있었다. 그녀는 어린 시절로 돌아가 감정을 접촉하며 그것들을 적어내는 일기를 쓰고 세션으로 가져와서 읽는다. 그녀는 어린 소녀가 표현하지 못했던 마음을 말하는 것과 그녀의 말을 다정하고 진지하게 들어주는 누군가와 함께 있는 법을 서서히 배워간다.

생존자들은 그들이 할 수 있는 최선을 다하기 위해 노력한다. 나는 내담자에게 자기 자신을 효과적이고 사랑스럽게 돌보는 부모가 되는 본질적인 방법을 가르친다. 내담자는 서서히 나타나기 시작하는 성인 자기를 예전의 어린 자기와 구분해 가면서, 모험과 위험을 감수할 자신감도 커지는 것을 경험한다. 그들을 돌보고 그들의 삶을 안전하게 만드는 것이 그들의 배우자에게 달리지 않았다는 것을 인식하는 것이 핵심이다. 이것은 스스로 자신을 위해 해야 하는 일이다.

마지막으로, 대부분이 살아 있거나 죽은 이들과 얽힌 미해결된 관계에 갇혀 있기에 내담자에게 애도 책을 쓰라고 권장한다. 나는 내담자에게 어머니와 아버지, 형제·자매, 배우자와 자녀, 이전 배우자, 친구처럼 그들에게 해결되지 않은 관계로 남아 있는 사람들에게 편지를 쓰기 위해 빈칸이 많은 큰 공책이나 편지지를 가져오라고 한다. 보통 부부 중 한 사람은 이 아이디어를 정말 좋아하고 다른 사람은 전혀 관심이 없다. 이런 선호는 누가 더 트라우마가 많은 어린 시절을 보냈는지와는 상관이 없다.

내담자는 몇 번의 긴 호흡을 하고 그 순간에 편지를 쓸 사람을 선택하는 것으로 하루를 시작한다. 그들은 몇 줄을 적고 일과를 시작한다. 두어 달에 걸친 이 하루의 시작 일과를 통해 그들은 가장 까다로운 대인관계를 경험할 때 경험하는 내면의 무수하고 복잡한 감정을 배워간다. 이 과정은 내담자가 자신의 감정들을 느끼고, 외재화하고(externalize), 내려놓을 수 있도록 돕는다. 다음은 애나라는 내담자가 학대적인 알코올 중독자이자 고인이 된 부모에게 쓴 편지의 일부분이다.


2009년 8월 13일
친애하는 아빠, (너무 친근하게 들릴 수 있겠네요)
한 번도 당신에게 편지를 쓴 적이 없어요. '친애하는'이라는 표현이 인위적으로 친근하고 다정하게 느껴져요... 당신은 항상 한 쪽에 있었고 우리는 다른 쪽에 있었지요. 당신이 그렇게 만들었지요. 당신의 분노와 적개심은 당신의 모든 말, 모든 땀 구멍, 모든 호흡에서 새어 나왔는데, 당신만 그것을 모르고 있었어요. 아무도 당신을 좋아하지 않는다던 당신의 상처를 내가 믿지 못하고 있던 것이 기억나요.

2009년 8월 18일
내가 어렸을 때 교회에서 당신이 내 옆에 서 있었고 내가 기도 책의 맞는 페이지를 찾도록 도와주셨어요. 당신의 그 큰 손이 기억나요. 그리고 그 '평범한' 순간이 너무 슬픕니다.

2009년 9월 10일
어느 날 밤 집에서 당신과 나만 있었고, 당신은 어떻게 할 줄도 모르면서 감자튀김을 만들어 주기 위해 애쓰던 것이 기억나요. 나는 당신과 가까워지기를 너무나 간절히 원했어요. 나는 마치 낯선 사람과 감자튀김을 만들고 먹는 것 같았어요. 우리는 서로에게 할 말이 없었어요.

2009년 9월 15일
당신이 두려웠어요. 나는 벙커의 맨 아래 침대에서 3개의 큰 인형과 함께 잤어요. 한쪽에 2개, 다른 쪽에 1개에 놓아 침대에서 겨우 똑바로 누울 수 있는 공간만 만들고 인형들이 나를 밀착적으로 둘러싸게 했어요. 그리고 아무리 더워도 이불을 쌓아두고 그 속에서 잤어요. 안전함을 느끼기 위해 그것들이 필요했어요. 나는 결코 안전하다고 느낄 수 없었거든요. 당신은 너무 예측할 수 없는 사람이었고 나는 믿을 수 있는 게 아무것도 없었어요. 침대에 누워 모르는 신에게 기도하며 희망의 가장 희미한 빛 한줄기라도 내려주기를 간청했어요.

2009년 10월 10일
다시 글을 쓰기가 두려웠어요. 다시 쓰는 데 일주일이 걸렸어요. 내가 하는 말들에 수반되는 고통이 두려워요. 나는 어린 시절이 점점 더 많이 기억나기 시작했고, 17세 이전의 해리된 듯 기억나지 않았던 어린 시절을 기억하기 시작했어요. 오늘날의 내가 얼마나 많이 그 당시의 나에게 기반을 두고 있었는지를 보기 시작했어요.

2009년 10월 21일
내 침실에는 갈색 종이가방이 달린 쓰레기 바구니가 있어요. 그 가방에는 "컵케이크"라고 당신이 쓴 글자가 있어요. "컵케이크"는 당신이 저를 부르던 호칭이지요. 나 혼자 아파트에 살던 시절에 아팠던 적이 있었죠. 나는 몇 주 동안 집에 가지 못했고 당신은 엄마가 만든 닭죽을 가져왔어요. 그 종이가방에 있던 손글씨가 당신이 죽기 전 우리가 나눈 마지막 대화였어요. 당신은 죽었습니다. 나는 죽은 사람에게 편지를 쓰고 있는 겁니다. 당신, 나의 아버지, 당신은 죽었습니다. 가방을 버릴 수 없어요. 종이들을 넣고 버리곤 하는데 그 봉투는 여전히 남아 있어요.

2009년 11월 21일
한 번도 제대로 가져보지 못했던 당신, 아버지가 그리워요.

***

나는 "혼자 하는 애도는 영원히 간다. 함께하는 애도는 치유된다."라는 말을 깊이 신뢰한다. 애나는 편지의 발췌본을 앤드류와 나에게 읽어주었다. 읽는 내내 그녀는 자주 눈물을 흘렸고, 그는 소파에서 팔을 둘러 그녀를 안아주었고, 나는 나의 의자에 기대어 귀를 기울였다. 그 순간 오래전의 소녀는 더 이상 혼자가 아니었다.

# 제10장

# 이혼: 다모클레스[3]의 검
DIVORCE: THE SWORD OF DAMOCLES

"우리가 다른 사람과 성관계를 할지 말지를 결정해야 한다는 뜻인가요, 선생님? 우리가 이렇게 될 줄은 몰랐어요." 칼이 눈물을 흘리며 말했다.

"안타깝게도 그래요. 별거에 대한 계획이 제대로 이루어지려면, 이 고통스러운 질문에 대해 투명하게 논의할 필요가 있어요."라고 설명했다. "어떤 부부는 혼외 관계를 허용하는 것이 너무 위험하다고 여기고 하지 않기로 합의해요. 다른 부부는 성관계를 부부 사이에만 국한하는 것이 별거의 전체 요점을 흐리게 한다고 판단해요. 지나친 제약이라고 느끼죠."

"종종 별거 중 이루어진 혼외 관계가 진지해지면 '묻지마' 정책을 하게 되고, 배우자는 나중에 알게 되죠. 이 문제에는 일률적인 정답이 없어요. 다만 두 분에게 적합한 것이 무엇인지 찾는 것은 중요해요. 지금 함께 이야기해 봅시다."

---

3  옮긴이 주 1참조. 언제든지 일어날 수 있는 절박한 위험, 권력자의 긴장과 불안, 행복에 따르는 위험 등을 뜻함

대부분의 인류 역사에서 이혼은 선택사항이 아니었다. 종교적 신념이나 공동체와 가족 및 문화적 규범에 얽매여 부부는 '좋든 나쁘든' 함께 지냈다. 요즈음엔 거의 50%의 부부가 이혼하고 많은 이들이 이혼한 부모를 갖고 있기에 이혼이 일반적인 선택이라는 인식을 지닌 채 결혼을 감행한다. 그들의 결혼 생활에는 자신들도 이혼할지 모른다는 위험과 '충분히 괜찮은' 결혼 생활 기준에 대한 혼란이 스며들어 있다.

어떤 부부는 결혼 생활의 지속 가능성에 의문을 제기하며 상담을 시작한다. 이와 같은 부부와 잘 협력하려면 그들이 결혼을 지속하는 것과 이혼하는 것의 사이의 장단점을 평가하는 생산적인 분별 과정을 안전한 분위기에서 할 수 있도록 도와야 한다. 나는 종종 부부들에게 떠날 것인지 남을 것인지의 의문을 가지고 사는 것은 매일 산성 배터리를 통째로 마시는 것과 같다고 말한다. 관계를 계속 유지해야 하는지 항상 의문을 품는 것은 관계를 끔찍하게 부식시킨다.

이 주제를 다룬 Bill Doherty박사의 '분별 상담'에 대해 읽어보길 강력히 추천한다.

다음은 내가 부부에게 제안하는 몇 가지 대안이다. 그리고 협력적인 부부 상담의 주제를 선택할 때와 마찬가지로, 나는 그들이 신중하게 선택한 것이 그들에게 가장 잘 맞을 것이라고 믿는다.

## 결혼 실험

시간제한(보통 최대 6개월)을 두고 열심히 관계를 위해 노력하고, 그 기간이 종료하는 시점에 결혼을 유지할 만큼 충분한 진전이 이루어졌는지 검토한다. 결혼 유지에 대한 부부의 양가감정을 존중하면서, 관계 개선을 이루도록 돕는 방식이다. 특히 자녀가 있는 부부에게는 다음과 같이 말하면서 결혼 실험의 중요성을 설명한다. "부부가 아니어도 여전히 부모로서 함께 협력해야 해요. 마지막 시도일지 모르는 이 과정을 잘 수행하면 합리적이며 충돌이 적은 이혼을 하는 데 큰 도움이 될 것이고, 공동 양육도 훨씬 쉬워질 수 있어요."

제니퍼는 이혼을 원한다고 분명하게 밝혔지만, 어린 세 자녀 때문에 결혼을 위한 노력을 마지막으로 한 번 더 시도할 의향이 있다고 말했다. 그들은 '용서와 화해, 그리고 보상 프로토콜'을 수행했고, 의사소통과 행동 변화도 다루었다. 제니퍼가 이 노력에 온전히 참여할 수 있었던 것은 '마지막 시도'를 하는 자신의 노력이 남편에게 큰 의미가 있다는 것을 알았기 때문이다. 또한 그녀는 이혼하더라도, 그 과정이 덜 파괴적이길 원했으며, 칼과 공동 부모로서 좋은 팀이 되기를 원했다.

## 치료적 별거(Therapeutic Separation)

부부 양쪽에서 선의의 노력을 쏟고 있었지만, 제니퍼는 치료적 별거를 추가적으로 원했다. 치료적 별거 프로토콜은 부부가 다른 방이나 다른 장소에서 지내는 별거 계획을 신중하게 협상하는 과정이다. 나는 치료적 별거 프로토콜을 사용하여, 부부가 별거라는 매우 취약한 시기에 더 많은 해가 생기는 것을 방지하고, '좋은' 화해 또는 '좋은' 이혼의 가능성을 높이도록 돕는다.

효과적이고 건설적인 별거 생활을 하기 위해서는 까다로운 문제들에 대해서 협력적으로 협상해야 한다. 부부 대부분은 별거가 이혼으로 가는 간접적인 시작일 뿐이라고 생각한다. 그러나 때때로 별거는 부부가 습관적이고 자멸적인 행동을 중단하면서 서로 다르게 그리고 더 긍정적으로 함께 하도록 돕는 열쇠가 된다. 상대방의 부재는 종종 마음을 더 애틋하게 만들어 주고 다른 관점을 얻을 기회를 준다.

부부가 별거에 대해 고민할 때, 나는 결혼 초기에 아내와 별거했고 그것이 우리 관계를 구조했음을 공개한다.

협상해야 할 단계는 다음과 같다.

## 치료적 별거 프로토콜

(1) 같은 집에 살지 다른 집에서 살지

부부가 잠시 완전히 떨어져 있는 것이 가장 좋지만, 자녀가 있거나 재정이 제한적인 경우에는 부부가 같은 집의 별도의 침실에 머무르는 것이 더 효과적이다. 후자는 부부관계 개선에 대한 노력은 내려놓고 좋은 동거인이자 좋은 공동양육자가 되기 위해 협력하는 것을 배우기로 했을 때 가능하다.

(2) 기간

별거 기간을 결정은 까다로운 문제이지만 내 경험으로는 보통 3개월에서 6개월이 가장 효과적이다. 시간이 짧을수록 감정적인 영향이 덜한 편이고 시간이 길수록 각 구성원이 자신의 삶을 찾아 결혼을 포기할 가능성이 커진다. 일반적으로 우리는 지정한 시기에 선택을 재고하기로 약속하며 초기에 기간을 설정한다.

### (3) 자녀 공동 양육 및 방문

공동 부모로서 자녀에게 가능한 한 최대로 일관적인 보살핌을 제공하는 것을 우선시해야 한다. 나는 종종 부부가 자녀를 상담에 데려와 그들이 무엇을 하려고 하고 그것이 어떤 과정인지 설명하게 한다. 아이들은 부모들이 협력하여 자신들의 생활을 가능한 한 일관되고 예측 가능하게 해줄 때 가장 잘 적응한다. 별도의 거주 공간에 살기로 했을 때는, 가능한 한 자녀 말고 부모가 이동하는 것이 더 낫다. 아이들은 자기 집에 머무를 때 가장 잘 적응하기 때문이다.

### (4) 재정 및 법률 자문

재정에 대해 공개적이고 공정하게 협상하는 것은 매우 중요하다. 나는 또한 별거에 대해 합의한 내용이 앞으로 이혼하게 되었을 때 불리하게 작용하지 않도록 법률 자문을 미리 받을 것을 권장한다.

### (5) 자녀, 가족, 친구에게 말하기

부부가 자신의 결혼과 별거에 대해 지인들과 이야기하는 방식은 종종 상황을 더 악화시킨다. 지인들은 선의의 지지로 편들기를 하지만, 이는 도움이 되지 않는다. 나는 부부가 별거를 긍정적으로 해석하는 합의된 메시지를 제시하도록 권장한다. "우리는 결혼 생활을 위해 노력해 왔어요. 부부관계의 오래되고 어려운 패턴을 깨고 새로운 패턴을 만드는 시간을 갖기 위해 별거하기로 결정했어요. 이것을 통해 우리의 결혼 생활이 새롭게 시작되기를 희망하고 있어요." 실제 상황이 지독하게 심각하더라도 부부관계는 사적인 영역이므로 다른 사람들에게는 많이 개방하지 않는 편이 낫다. 이 권장 사항에 대한 예외는 진정한 속마음을 완전히 공유할 수 있는 한두 명의 친구나 가족이다. 부부는 그러한 자신의 절친한 친구가 누구인지 서로에게 분명히 밝힌다.

(6) 성관계 개방에 대한 선택

부부가 다른 사람들과 성관계를 할지에 대한 규칙을 협상하는 것은 매우 중요하다. 부부들은 혼외 관계의 도입이 너무 위험하다고 느끼기 때문에 배타적 성관계를 계속 유지하는 것과 개방적인 관계를 허용하는 것 사이에서 갈라진다. 어떤 부부에게 성관계 개방은 실질적인 결혼 유대를 깨뜨리는 핵심적인 요소이다. 여기서 요점은 부부가 규칙에 대해 협력하고 이를 존중하는 것이다.

(7) 별거 중 부부상담의 지속

45년 전 아내와 6개월 동안 헤어졌을 때 우리는 부부상담을 지속했고 상담사와 일대일 세션도 가졌다. 상담은 우리가 안전한 연결 상태를 유지하는 데 필수적이었고, 그것이 없었다면 우리의 이야기가 잘 풀리지 않았을 수도 있다. 우리의 성공 경험을 모든 사람에게 일반화시킬 수는 없지만, 치료적 별거를 하는 부부 대부분은 나와 지속적인 상담을 하는 편이다.

(8) 만남

처음에는 서로로부터 가능한 한 충분히 떨어져서 휴식을 취하는 것이 좋다. 효과적인 별거를 위해 부부는 성장을 위해 정말 잘 분리될 필요가 있다. 이 접근 방식은 분명히 아이들의 나이에 영향을 받는다. 어린 자녀가 있는 경우 부부는 떨어져 있는 동안 자녀의 가족 감각을 지켜줄 수 있는 대안이 필요하다. 이를 위해 부부는 떨어져 있음에도 불구하고 일주일에 한 번 부모로서 만나는 가족의 밤을 갖기로 선택할 수 있다.

몇 달 후 부부가 더 많은 만남을 탐색할 준비가 되었다고 느끼면 '데이트 밤'을 시도하거나 상담 초기 단계에는 그다지 성공적이지 않았을 수 있는 의사소통 등의 활동을 할 수 있다.

(9) 화해적인 동거 실험

별거 기간 후 재헌신 할 준비를 바로 하기보다는, 상황이 잘 진행되고 있더라도 재헌신을 하기 전에 화해적 동거 실험을 해보라고 권한다. 결혼 생활을 유지하겠다는 확신을 하기 전에 동거하면서 실질적인 변화와 발전을 경험할 필요가 있다. 그리고 여전히 약간의 의심과 양가감정을 가지고 있어도 된다고 안심시켜 주면, 부담이 줄어 오히려 성공할 수 있는 가능성을 높인다.

화해적 동거를 고려할 때가 되었을 때, 제니퍼는 이혼 절차를 진행할 준비가 되었음을 인정했다. 칼도 나도 충격을 받지 않았다. 자신보다 아이들을 위해 노력하고 있다는 것이 작업하는 동안 꽤 명백했다.

이혼으로 끝났기 때문에 1년 동안의 상담이 가치가 있었는지 물었다. 칼은 제니퍼의 노력에 감사했고 이제 그녀가 노력을 그만두는 게 필요하다는 것을 받아들였다고 말했다. 나는 기뻤다. 제니퍼는 자신이 정말 열심히 노력했기에 언젠가는 아이들의 눈을 바라보며 "최선을 다했어"라고 말할 수 있을 것이라며 안도했다.

우리는 특히 공동 양육 문제와 관련하여 이따금 세션을 통해 이혼 상담을 계속했다. 그들은 중재 절차와 협력법(변호사가 부부 각 구성원의 권리를 보호하는 동시에 그 과정에서 적대적이 되지 않도록 돕는 법)을 연구했다. 그들은 훌륭한 협업 법률팀을 선택했고 결국 좋은 우정 관계로 발전하여 좋은 공동 육아 팀이 되었다. 이혼이 최종 결정된 후 마지막으로 두 사람을 개별적으로 봤다.

칼은 이혼한 것에 대해 긍정적으로 느끼고 있고 그를 진정으로 사랑하는 여성과 새로운 관계를 시작했다. 제니퍼와의 마지막 세션에서 그녀는 매우 아쉬워했다.

"알다시피 트레드웨이 선생님, 나쁜 결혼 생활은 아니었어요. 우리는 함께 좋은 가정을 꾸렸어요. 나는 다만 그런 식으로 그와 친밀해지고 싶지 않았어요. 하지만 52세의 미혼 여성이 되는 것은 식은 죽 먹기가 아니네요."

"글쎄요, 당신이 열심히 노력하지 않은 건 아니에요. 제가 지켜봤잖아요. 결혼 관계를 유지해 보려고 노력을 많이 했어요. 별거를 통해 앞으로 무엇을 경험할지 충분히 맛보았을 거예요."

"네, 준비된 줄 알았는데……." 그녀는 잠시 멈추고 약간의 결의를 하고 말했다. "괜찮을 거예요. 제가 선택했어요."

그녀가 떠날 때 슬픔의 물결이 나를 덮치는 것을 느꼈다. 그렇다. 그녀는 이혼을 선택했지만, 실수였을 수도 있다. 아마도 그녀는 정말 후회하게 될 것이다. 이제 내가 도울 수 있는 건 없지만, 내가 무엇을 다르게, 더 잘 도울 수 있었을지는 의문이다.

나는 부부가 함께하기로 선택했지만, 한 명 또는 둘 다 후회한 경우를 보았고, 이혼하기로 선택했지만, 한 명 또는 둘 다 후회한 경우도 보았다. 다른 사람에게 옳은 것이 무엇인지 아는 것과, 우리가 하는 최선의 노력이 부부에게 실제로 최선일지 확신하는 것이, 얼마나 어려운지를 생각하면 마음이 무겁다.

# 제11장

# 한 배우자가 문제아로 지목되는 경우

WHEN ONE SPOUSE IS THE "PROBLEM"

---

 존은 붉게 상기된 얼굴에 쏘아보는 인상의 몸집이 큰 남편이었고, 에이미는 긴장된 미소로 조심스럽게 주변을 살피는 몸집이 작고 단정한 아내였다. 그들은 분명히 긴장하고 불편한 모습으로 소파의 양쪽 끝에 앉았다. 인사를 주고받으며 그들에게 상담을 신청한 이유를 물었다.

 존이 불쑥 말했다. "아 글쎄, 아내는 내가 술 문제가 있다고 생각해요. 그래서 상담에 오게 되었어요."

 내가 대답했다. "당신은 그다지 동의하지 않는 것 같네요, 존."

 존이 말했다. "흠, 제가 필요 이상으로 술을 많이 마신다는 건 알지만, 술을 줄이거나 끊는 것이 성관계를 포함한 우리 부부관계의 모든 것을 개선할 수 있는지는 모르겠습니다."

 에이미가 울면서 속삭였다. "존, 왜 그 얘기를 꺼내는 거야?"

"잠깐만요, 두 분. 존의 음주와 관련된 문제를 해결하기 위해 상담하기로 동의한 것 같지만 다른 많은 힘든 문제들도 있나 보네요."

"정확하게 이해하셨습니다." 존은 단호하게 말했다.

"그러면, 우리가 결혼 문제들이라는 통조림을 통째로 열어야 할지, 아니면 음주에 관한 문제를 먼저 해결해야 할지를 결정하는 활동부터 해보기로 해요. 두 사람은 음주 문제를 다루는 훌륭한 팀이 될 수 있어요. 에이미는 남편의 음주에 더 잘 반응하는 방법을 배울 수 있고요. 존, 당신은 자신만의 음주 습관에 대한 규칙을 만들 수 있어요. 두 분은 먼저 이 음주 문제에 기여하는 자신의 역할에 대해서만 책임지는 거예요. 이 과정 동안 두 분의 관계가 더 단단해져서 다른 문제들을 다룰 때 도움이 돼요. 이제, 두 분께서 직접 이야기해 보세요. 번갈아 가며 이야기하시면 돼요. 제가 상대방의 입장을 잘 이해하도록 도와줄게요."

존이 대답했다. "선생님께서 아내의 잔소리를 그만두게 하실 수 있다면 그게 시작일 겁니다."

교대로 이야기할 시간을 나누어 갖는 것, 배우자가 이야기할 때 끼어들어 방해하지 않는 것, 과거의 다른 사건들을 꺼내지 않는 것 등의 구조에 대해 10분 정도 안내했다. 에이미가 나중에 친밀감 문제에 대해 작업하는 조건으로 음주 문제부터 시작하기로 했다.

이 책의 1장부터 아홉 장에 걸쳐 부부관계에 명백한 문제가 있을 때 부부와 어떻게 협력해야 하는지를 다루었다. 물질 중독, 과정 중독(process addiction), 신체적 학대, 정신 질환 등이 있는 경우에 부부는 관계를 다루려고 하기보다 '문제'가 있거나 '상담이 필요하다고 지목된 사람(IP : Identified Person)'에게 초점을 둔 상담을 원한다. 존과 에이미가 바로 이 같은 경우였고, 둘은 존의 음주 문제와 그에 대한 조치를 다루기로 합의했다. 일반적으로 개인적인 문제 이상의 복잡한 관계 역동이 작용하고 있지만, 부부에게는 관계 자체보다 부부 중 한 구성원에게 집중하는 것이 정서적으로 더 안전하고 안정적이라고 느낄 수 있다.

　한 사람이 '문제'로 정의되어 상담실에 왔더라도, '관계'가 문제인지 또는 '지목된 사람'이 문제인지에 대한 의견 차이가 크다. 이 의견 차이는 노골적으로 드러나거나, 보이지 않게 은밀하게 치고 들어온다. 존과 에이미 부부에게도 이러한 의견 차이가 있었다. 협력적 상담을 위해 부부가 호소하는 현재 문제에 우선순위를 둘지 아니면 관계에 우선순위를 둘지, 부부가 스스로 협상할 수 있게 조력하는 것으로 상담을 시작한다. 일반적으로 부부는 그들의 주호소문제에 대해 작업하기로 결정하지만, '지목된 사람'은 자신이 유일한 문제가 아니며 그들의 관계 자체도 다루어질 것이라는 믿음이 생기면 위안을 받는다. 협상이 되지 않는 경우나, 내 의견에 따르고자 하는 경우, 나는 현재 문제를 먼저 다루는 방향으로 기우는 편이다. 왜냐하면 그것이 부부가 애초에 외부 전문가의 도움을 구하는 위험을 감수하게 만든 계기이기 때문이다. 관계 개선은 애초에 상담을 받게 된 원인을 중심으로 조직화하면서 시작될 수 있다. 부부가 현재 문제를 해결하기 위해 팀으로 일하면서 진전을 이루면 부부를 갈라놓는 더 깊고 취약한 문제를 해결할 수 있게 부부가 준비된다.

## 약물 남용

　약물에는 알코올뿐만 아니라 기분 상태를 변경하거나 조절하기 위해 처방된 약물, 또는 불법 마약 등이 포괄적으로 포함된다. 한 배우자가 약물 사용에 의존하는 경우, 수면 및 기타 건강 문제에 이상이 생기기 시작하고, 숙취, 짜증, 의사소통 문제 등을 유발하여 배우자나 주변 사람들에게 상당한 악영향을 준다.

　약물 남용은 보통 통제력 상실이나 중독, 혹은 신체적·심리적·대인 관계의 문제 증상이 뚜렷하게 나타나는 시점보다 한참 오래전에 시작된다. 존은 오랫동안 매일 밤 8병에서 10병의 맥주를 마셨다. 그의 마음에서 자신은 항상 유쾌하고 부드러운 술꾼이었다. 그러나 그는 수면 무호흡증이 있었고, 과체중이었고, 발기부전이 있었고, TV 앞에서 자주 기절했고, 매우 불행한 아내를 두었다. 에이미는 첫 번째 세션이 진행되면서 감정이 강렬해지다가 이렇게 말했다. "당신의 맥주는 당신의 정부(mistress)에요. 그 정부 년과만 함께 있다면, 아이들과 내가 벽지가 되어도 좋지요!" 그들이 그의 음주 문제를 논의하기 위해 상담을 왔지만, 존은 문제가 있다고 생각하지 않았다. 그는 단지 아내를 달래기 위해 내 상담실에 앉아 있었다.

　부부가 한 배우자의 행동을 놓고 다투게 되면 부부 모두 상대 배우자의 변화에만 집중하기 때문에 무력감을 느낀다. 대부분의 약물 남용 사례에서 배우자 간의 비난 게임은 현상 유지에만 기여한다. 이런 상태에 있는 부부와 잘 협력하는 상담의 본질은 각 구성원이 서로를 비난하던 손가락을 자신에게 돌리고 자기 행동을 바꾸도록 하는 것이다.

　나는 약물 남용 행동에 대한 비난 게임에서 풀려난 부부를 '해방 단계(Disengagement Phase)'에 있다고 부른다. 나는 부부가 "당신이 술만 덜 마시면 내가 더 잘할 텐데" 혹은 "당신이 잔소리만 안 하면 내가 덜 마실 텐데"라는 반복적인 언쟁에서 벗어나도록 개입한다. 부부의 각 구성원이 다른 사람의 변화에 의존하기보다 자기 행동을 통제할 수 있도록 힘을 실어 준다.

## 해방 단계(Disengagement Phase)

해방 단계에서는 음주자가 통제된 음주 서약, 약물 남용 상담, 금욕 기간, 관찰 음주(각 음주에 대한 느낌과 반응을 추적), 심지어 '익명의 알코올중독자회(AA, Alcoholics Anonymous)'에 가는 것 등을 고려한다.

동시에 약물 비남용 배우자는 남용 배우자와 관계해 온 방식을 중단하기 위해 노력한다. 비남용 배우자가 그동안 해온 방식이 비판이든, 무시하는 것이든, 거리를 두는 것이든, 애원하는 것이든, 약물 남용 행동을 중단하기보다 지속하는 데 기여할 가능성이 높다고 가정한다. 즉, 잔소리를 하고 있다면 잔소리를 멈추고, 회피하고 있다면 주장을 하도록, 침묵 속에서 고립한다면, 친구, 개인상담, 심지어 '익명의 알코올중독자회'에 연락해서 도움을 받도록 한다.

존과 에이미와의 세션 후반에 에이미에게 말했다. "존이 술을 많이 마셨을 때 당신의 특징적인 행동은 그에게 좌절감을 느끼고 비판하는 것이에요. 맞나요?"

에이미는 아래를 내려다보며 손을 비틀었다. "맞아요, 트레드웨이 선생님. 그건 전혀 소용이 없었어요."

"그랬군요. 당분간 존의 음주에 대한 어떤 언급이든 잠시 멈추세요. 대신 존의 음주가 그와 당신과 아이들에게 미치는 영향에 대한 우려, 두려움, 걱정, 실망을 편지에 적으시길 바래요. 그리고 다음 세션에서 읽을 수 있도록 가져오세요. 그것을 다시 엿보지 마시고요. 해보시겠어요?"

"매일 밤 그것 때문에 싸우는 것보다 나아요."

"괜찮아요, 존? 듣기 힘든 편지일 수도 있어요."

"괜찮아요. 이미 모두 들어본 말일 것이라고 확신해요."

"그랬을 거예요, 존. 하지만 그건 그녀가 불평할 때였어요. 여기에서는 조금 더 수월하게 들을 수 있기를 바라요. 잘 들어준다는 것이 동의한다는 말은 아니잖아요." 나는 친근한 미소를 지으며 말했다.

## 변화의 위기

상담의 핵심은 자기 행동을 바꾸는 것이다. 약물 남용 배우자가 상담에서 무엇을 약속하든, 어떤 변화를 이루어 내고 있든 간에 적절하고 통제된 알코올 사용에 실패하는 경우가 종종 일어난다. 이는 부부관계의 위기로 이어진다.

존의 경우 하루 맥주 6잔 이하, 운전 전 음주 측정, 음주 컨설팅을 받기로 했지만, 그 약속을 전부 수행하지 못했다. 이에 따라 두 사람이 후속 조치로 치료적 별거나 전형적인 알코올 중독 개입 중에서 협력적으로 선택하도록 도왔다. 존은 별거에 결사반대했고 중독 개입에 따르기로 했다.

중독 개입에는 그의 부모, 두 명의 여자 형제들, 그의 가장 친한 친구인 조, 에이미, 십대 딸 리스벳(15세)과 애니(13세)가 참여했다. 애니는 눈물을 흘리며 말했다. "예전의 아빠를 갖고 싶어요. 친구들은 모두 우리 아빠가 최고라면서 부러워했어요. 이제 더 이상 친구들을 집에 데려오지 않아요. 예전에는 아빠가 자랑스러웠는데 지금은 부끄러워요."

그 순간 존의 마음을 움직인 딸의 말은 에이미가 할 수 없었던 것이었다. 존은 해독과정을 했고, 익명의 알코올중독자회를 시작했다. 알코올 중독에서 벗어난 지 1년이 되었고, 이제 존과 에이미는 친밀한 관계를 위한 발걸음도 내딛고 있다.

## 과정중독

포르노, 섹스, 비디오 게임, 도박, 소비, 저장장애(hoarding), 섭식장애 등의 과정중독은 약물 남용과 매우 유사하다. 적절한 수준에서 균형 잡힌 방식으로 자기 조절하기가 어렵고, 중독자와 배우자 모두에게 부정적인 영향을 미친다. 과정중독이 부부가 상담을 받으러 온 주요 이유라면 부부관계보다 이것을 먼저 다루는 것이 합리적이다.

특히, 배우자를 바꾸려는 노력을 멈추고 자기 행동에 대해서만 책임을 지도록 권장한다. 부부 중 한 사람 또는 두 사람 모두가 자기 행동을 바꾸겠다는 헌신을 할 의향이 없거나, 약속 수행에 실패하는 경우, 변화에 대한 두려움, 문제에 갇혀 나아갈 수 없는 느낌, 문제 유지에 기여하는 체계에 대해 작업한다. 진전이 전혀 없다면, 약물 남용 사례와 마찬가지로 부부관계의 지속가능성과 상담의 효과성에 대해 의문을 제기해 볼 필요가 있다.

## 부부 모두가 과정중독인 경우

한 사람만 과정중독이 있을 때의 부부상담은 존과 에이미의 예에서 보여준 방식과 매우 비슷하다. 중독을 다루기 위해 각자 '자기 일을 수행'하는 협력적인 팀이 되는 연습을 한다.

그러나 알렉스와 베스의 경우 두 사람 모두 첫 번째 세션에서 부부관계를 방해하는 중독성 문제가 있다는 데 동의했다. 알렉스는 온라인 도박에 너무 많은 시간과 돈을 잃음을 인정했으며 베스는 과도한 다이어트와 운동이 거식증에 가깝다는 것을 인정했다. 둘 다 장기간의 개인상담을 했지만 별

다른 성공을 거두지 못했고, 부부상담을 통해 어떻게든 효과를 볼 수 있기를 바랐다.

그들에게 상담의 중점을 부부관계 향상에 둘지, 도박과 다이어트라는 과정중독 치료를 서로 지원하고 협력하는 것에 둘지 선택하도록 했다.

서로의 강박적인 행동에 대해 매우 비판적인 태도로 많은 시간을 소비하는 경향이 있었던 그들은 중독 치료를 중심으로 서로를 지원하는데 즉시 흥미를 느꼈다. 그들은 또한 어려움을 혼자 해결하려고 노력하는 동안 관계에서 깊은 외로움을 느껴왔다.

우리는 공동 개인 세션이라고 부르는 세션을 가졌다. 이 세션에서는 배우자가 옆에 있는 동안 개인적 문제에 대해 25분 동안 작업한다. 증인이 되는 배우자는 다른 배우자가 나와 개인 작업을 하는 동안 마음을 열고 가능한 한 많은 연민과 공감으로 경청하도록 권장된다.

부부의 안전을 보장하기 위해 치료적 구조와 규칙을 엄격하게 따르는 편이지만, 때로는 순간을 유용하게 활용하기 위해 방향을 전환한다. 예를 들어, 어제 베스와 개인 작업을 하고 있을 때 그녀가 말했다. "내가 그렇게 나이가 많은 것은 아니라는 걸 알아요. 이제 마흔세 살밖에 되지 않았는데 아무도 관심을 주지 않을 말라빠진 노파처럼 느껴져요. 열일곱 살 때 비키니를 입은 내 사진을 봤는데 그녀가 어디로 갔는지 알 수가 없어요. 체중을 아무리 감량해도 여전히 보기 흉한 튼살이 있고 전부 처져 있어요."

나는 알렉스의 눈에 고인 눈물을 바라보았다. 비록 그의 차례는 아니었지만, 규칙을 바꾸어 그에게 기분이 어떤지 물어보기로 했다.

그는 아내의 손을 잡고 말했다. "이 남자는 아직 당신에게 관심이 많아요."

그녀도 그의 손을 잡았다.

방향을 전환한 것은 옳은 것이었다고 생각한다. 알렉스의 말은 베스에게 큰 감동을 주었다. 반발이 있는지는 다음 세션에서 살펴보겠다. 특정 개입이 그 순간에 기분을 좋게 해주었다는 것만으로 그것을 효과적이라고 할수는 없기 때문이다. 나는 자주 인용하는 "더 많은 것이 드러날 것이다"라는 문구를 중얼거렸다.

## 신체적 학대

내가 확고한 기본 규칙을 설정하고 부부가 결정하도록 허용하지 않는 한 가지 상황이 있다. 부부관계에서 신체적 학대 이력이 있거나 실제로 신체적 학대 가능성이 있는 경우, 처음부터 안전을 위한 계약을 체결하는 것이 필수적이다.

부부상담은 강한 감정을 자극할 수 있으며, 세션 후에 분노가 폭발하거나 위험한 반응이 나타날 수 있다. 신체적 학대가 발생할 가능성이 있는 경우, 나는 항상 부부 각자가 개인적인 상담을 받아야 하며, 신체적 학대나 위협이 있을 경우, 부부상담은 즉시 중단된다는 점에 동의하도록 한다. 그리고, 'Emerge'와 같은 분노 관리 프로그램에 참여하여 부부상담을 재개하기 전에 수료하도록 한다.

신체적 학대의 가능성을 먼저 완전히 평가하고 해결하기 전까지는 실질적인 부부상담을 시작하지 않는다. 신체적 학대 문제를 최소화하면서 상담에 오는 부부가 많기 때문에 "둘 중 어느 한 쪽이라도 신체적 학대를 당한 경우가 있었습니까?"와 같은 질문을 제기하는 것은 상담사의 책임이다. 대답이 '예'라면 먼저 이 문제를 해결해야 한다.

과거에 신체적 학대가 발생했지만 나를 만나러 오기 몇 년 전 이전 상담에서 이를 효과적으로 해결했다고 보고한 부부의 사례가 있었다. 그들의 모습이 꽤 좋아 보여서 안전을 최우선으로 고려하지 않았다. 세 번의 세션 후, 몇 가지 어려운 이슈에 대한 작업을 시작했을 무렵 명백히 위험한 신체적인 밀기 사건이 발생했다. 초기에 더 철저하고 신중하게 평가하여 안전계약을 세우지 못했던 점이 정말 마음 아팠다. 우리는 안전 규칙을 확립했고 상담을 지속했지만 나는 그 하나의 사건에 대해 충분히 강력하게 대응하지 못했다. 6개월이 지난 지금 그들은 별거하면서 고군분투하고 있다. 우리 부부상담사 모두는 항상 안전을 최우선으로 생각하고 작은 퇴행도 최소화하지 않고 바라보는 것이 매우 중요하다.

## 정신 질환

부부 중 한 사람이 우울증, 불안, 광장공포증, 조울증, 자살 충동과 같은 심각한 정신 질환 문제를 겪고 있는 경우가 있다. 정신 질환 증상이 주호소 문제일 때, 부부가 증상을 협력적으로 관리하는 팀이 되도록 한다. 입원, 약물 치료, 개인상담 등의 적합한 치료를 계획할 수 있다.

한 사람이 배우자에게 심각한 정서적 문제가 있다고 보고하고, 그 지적받은 배우자는 모든 게 결혼이나 배우자 때문이라고 비난하며 보복하는 경우는 더 복잡하다. 문제가 되는 것이 관계인지 개인인지에 대한 부부간 논쟁이 있을 때, 상담사의 임무는 부부가 상담의 우선순위를 잘 식별하도록 협상하고, 계획을 세우도록 돕는 것이다. 이는 그리 간단하지 않다.

제이슨과 마리사가 상담을 받으러 왔을 때 마리사가 심각한 우울증을 앓고 있는 것이 분명했다. 그녀는 하루 대부분을 침대에서 보내고, 학령기인 두 자녀를 제대로 돌보지 않았으며, 자신이 곁에 없어야 모두가 더 나아질 수 있다고 생각했다. 또한 제이슨의 업무로 인해, 가족이 피닉스로 강제 이주하지 않으면 그가 직장을 잃을 위험에 처해있었고, 이는 마리사에게 큰 스트레스를 주었다.

첫 세션을 통해 마리사의 증상이 제이슨의 직장 이전 위협에 대한 직접적인 반응으로 재발했다는 것이 분명해졌다. 그녀는 나름대로 점거 농성을 벌이고 있었다. 제이슨은 마리사를 지지하고 걱정하기보다 그녀가 자기 경력을 방해하고 있으며 이기적이라고 비난했다. 제이슨이 이를 수동공격적 행동이라고 여기고 있었지만, 그녀는 실제 정신 건강 위기를 겪고 있는 것처럼 보였다.

그녀는 눈물을 흘리며 침묵에 빠졌다. 상담의 우선순위에 관해 협력적인 대화를 나누기가 쉽지 않을 것이라는 게 명백해졌다. 제이슨은 마리사가 조종적(manipulative)이라고 인식하고 있었지만, 나는 마리사가 진짜 위험에 처해있다고 느꼈다.

이런 상황에서 우리 대부분은 압도당하기 쉽다. 나의 첫 반응도 그러했다. 모든 경우에 적용되는 나의 간단한 지침은 '안전 제일'이다. 제이슨의 마리사에 대한 비난도, 마리사의 자기 우울증은 제이슨 때문이라는 비난도 어느 정도 일리가 있을 수 있지만, 자살 충동의 위험이 먼저 다루어져야 했다.

"제이슨과 마리사, 제가 아직 두 분을 잘 모르지만, 오늘 제가 들은 이야기들을 고려해 봤을 때, 마리사는 즉각적인 도움이 필요해요. 엄마인 마리사는 너무 절망적이어서 자신이 없어야 모두 더 잘 살 수 있을 것 같다고 해요. '모두'에는 여섯 살 된 딸과 아홉 살 된 아들이 포함되어 있어서 정말 우려가 커요. 지금 당장 병원에 전화하는 게 좋겠어요."

제이슨은 놀란 표정을 지으며 어깨를 으쓱했다. 놀랍게도 마리사는 "고마워요"라고 속삭이듯 말했다.

이 세션은 협력적인 부부상담이 아니라 긴급 상황이었다. 이 책 전반에서 부부가 협력적으로 계획을 세우고 책임을 다하도록 지원하는 방법과 사례를 제시한다. 그러나 실전에서는 예상치 못한 일이 생긴다. 때때로 계획이 잘 진행되지 않고 상담사는 직감에 따라 책임감 있게 대처해야 할 때가 있다. 다음 장에서는 하나도 계획대로 진행되지 못하는 경우에 대해 자세히 소개하겠다.

## 제12장

# 난장판, 스텝, 실수, 무효, 부조화

MAYHEM, MOVES, MISTAKES, MISMATCHES

프랜과 그렉과의 첫 세션은 시작부터 험난했다. 그들이 문을 열고 들어오자마자 프랜은 그렉의 미성년자 베이비시터와의 외도에 대해 가차 없이 질책했다. 그는 침울하고 얼어붙은 채로 소파에 앉아 있었다.

비록 그렉의 잘못이 끔찍했지만, 그녀가 공격을 진정하고, 내가 그와 합류할 방법을 찾을 수 있기를 바랐다. 또한 내가 프랜과 너무 많이 합류하게 되면 그렉에 대한 강렬하고 비판적인 반응이 일어나, 그가 때로 공격받는다고 느낄까 봐 걱정스러웠다.

그래서 프랜이 잠시 멈추도록 부드럽게 격려하려고 노력했다. "프랜, 당신이 그렉에게 얼마나 화가 났는지와 이런 감정을 해소해야 한다는 걸 이해해요. 하지만 그가 무슨 말을 하는지 듣는 것도 중요해요."

그녀는 불만스러운 표정으로 말했다. "원하시는 대로 하시죠, 선생님."

나는 그렉에게 말했다. "제가 듣고 있는 내용은 매우 극단적이지만 당신이 답변할 기회를 갖기를 바래요. 어떻게든 이 상담실을 두 사람 모두에게 안전한 장소로 만들어야 해요."

"글쎄요, 선생님, 그건 딱 한 번뿐이었어요. 어린애가 아니라 열일곱 살이었고 게다가 그녀가 시작했어요. 그리고."

"빌어먹을, 그렉." 프랜은 벌떡 일어나 문을 쾅 닫고 밖으로 뛰쳐나갔다. 잠시 조용하더니 엔진의 굉음이 들렸다. 곧 타이어가 요란하게 삐걱거리는 소리가 나더니 엄청난 충돌 소리가 들렸다. 그녀의 렉서스가 남편의 BMW로 돌진한 것이다.

그가 아무렇지도 않게 차로 걸어가는 것을 따라갔다. 그가 말했다. "선생님, 제가 처한 상황이 뭔지에 대한 단서를 얻으시겠어요." 나는 충격을 받고 완전히 압도되어 입이 떨어지지 않았다.

## 난장판

상담 현장은 때로 난장판 같다. 어떤 남성은 나에게 주먹을 날렸고, 어떤 10대 소년은 부모에게 물통을 던졌다. 세션이 끝난 후의 자살 시도, 응급 입원, 상담사에 대한 소송 위협 등도 있다. 비록 이러한 위기가 자주 발생하지는 않지만, 우리는 상담 업무가 내담자뿐만 아니라 우리 자신에게도 위험할 수 있다는 것을 인지하고 있어야 한다. 우리는 용기를 내야 한다. 우리는 무장한 범죄자를 쫓는 경찰도 아니고, 불타는 건물에 들어가는 소방관도 아니다. 그런데도 우리는 용감히 낯선 사람들에게 문과 마음을 매일 열어 준다. 그렇다. 보통 우리는 직감에 따라, 혹은 외부에 도움을 요청함으로써 위기를 관리한다. 우리는 상담실 안팎에서 일어나는 내담자의 위협적이고 통제 불가능한 감정적 행동들에 대해서 대처하는 방법을 축적해 간다. 그리고 부부가 자신과 상대를 진정시키고 안전함을 재구성하도록 돕는 개입 기술들도 모아간다.

## 극심한 부부 갈등 개입 전략

감정적 불안을 통제하는 데 어려움이 있는 부부 대부분은 그러한 경향을 일찍 드러낸다. 첫 번째 세션부터 존중과 신중함이 있는 의사소통에 대한 기대를 표명하는 것이 중요하다. 다음은 내가 불안정한 상황에서 사용하는 기술 중 일부이다.

(1) 어떤 내담자들은 자신이 아무리 가혹하고, 시끄럽고, 심술궂게 굴더라도 감정을 있는 그대로 정확히 표현하고 분출하도록 격려받을 것이라고 기대하며 상담에 온다. 내담자들이 일반적으로 최선을 다해 바른 태도를 보이려고 노력하는 첫 번째 세션에서 타인이 말할 때 방해하지 않는 것, 인격 암살 공격을 하지 않는 것, 상담실에서 소리를 지르지 않는 것을 가르치는 것은 필수적이다.

(2) 몹시 불안정한 부부는 상담사에게 번갈아 가며 불평과 분노를 토로하여 진정하도록 한다. 이는 그들이 상담을 재개할 수 있을 만큼 충분히 안정을 취하는 데 효과적이다. 각각 5분씩 자신들의 주장을 변호할 수 있고, 나는 두 사람 모두에게 공감과 연민으로 반응할 것임을 알린다.

(3) 때로는 부부가 싸움을 상담실로 가져와서 즉시 그 싸움에 빠지기도 한다. 나는 그들이 스스로 싸움을 끝내는 데 10분의 시간을 제공한다. 그들이 비난의 공격을 주고받고 나면 그들에게 화를 분출하는 상호작용이 도움이 되었는지 생각해 보도록 권유한다. "네, 이렇게 싸우는 게 도움이 돼요"라고 말하는 부부는 거의 없다.

(4) 부부가 매우 반발적(reactive)이고, 감정적으로 강렬하고, 통제 불능

의 싸움을 벌이는 경향이 있는 경우에는, 상담 초반에 클라우디아 해리스라는 내 동료가 개발한 '레드존/블루존'기술을 가르치는 것이 매우 유용하다. 이는 각성된 감정 상태 인식과 차분한 개방 상태를 구별하도록 한다. 레드존은 자신의 점점 커지는 분노/폐쇄(shut down)/복종적 싸움(submissive fight)/도피(flight)/동결(freeze) 반응을 인식하도록 돕는 것이다. 블루존은 심호흡하기, 10까지 세기, 근육 수축 및 이완 운동, 시각적 명상 등을 하면서 자신을 진정시키고 현재로 돌아오는 방법을 배우도록 돕는 것이다.

(5) 부부 중 한 사람이 진정하지 못할 때 다른 공간에서 잠시 대화하기를 제안하거나, 다른 배우자를 대기실로 보낼 수도 있다. 부부를 조금 분리하는 것은 매우 효과적이다.

## 오래된 상호작용의 춤과 스텝

내가 상담 중 통제 불가능한 상황을 관리하기 위해 사용해 온 다양한 방법 중에서 효과적으로 검증된 대처 기술의 일부를 여기서 공유하겠다. 이는 부부의 오래된 상호작용의 춤을 변화시키는 나의 스텝이다.

(1) 관점 재구성하기(Reframing)

부부는 종종 배우자가 자신을 의도적으로 괴롭히고 상처를 주려고 한다고 가정한다. 그러나 배우자는 상처받고 비난받는 느낌에 반응하고 있는 것이라는 점을 이해하게 돕는 것이 매우 중요하다. 배우자의 잔인한 말들은 그들 자신의 취약성에서 비롯한 것이며 자신을 보호하려는 노력이다. 이러한 관점으로 배우자의 행동을 재구성하는 개입은 나의 거의 모든 세션에서 이루어진다.

  예를 들어, 나는 다음과 같이 말한다. "두 분 모두 이 싸움을 상대방이 시작한 것이라고 비난하고 있어요. 그러나 제 생각엔 두 분 다 실제로는 자신의 안전, 심지어 생존을 위해 싸우고 있는 것으로 보여요. 믿기 어려우시겠지만, 싸움의 내용이 무엇이든 간에 두 분 모두 상처받고, 공격당하고, 비난을 받고 있어요. 아이러니하게 서로에게 한창 돌을 던지는 두 사람의 마음 깊은 곳에는 똑같이 상처받고 오해받는 속상함이 있어요."

  (2) 정상화(Normalizing)

  부부상담사는 부부가 겪고 있는 어려움에 대해 그들을 안심시킬 수 있다. 그들의 어려움을 다른 부부 대부분도 경험한다는 말을 들으면 큰 안도감이 든다. 많은 부부가 자기들만 성관계를 적게 한다거나, 심하게 싸운다거나, 끊임없이 잔소리한다고 생각한다. 나는 다음과 같이 정상화한다. "잘 들어 보세요. 35년 차 부부인데도 '사랑에 빠졌다'라는 느낌이 들지 않는다고 뭔가 문제가 있는 것처럼 말하고 계시는데요. 이를 기억하는 것이 중요해요. 부부 대부분이, 심지어 가장 성공적인 결혼 생활을 하고 있다고 자부하는 부부도, 결혼 초기의 강렬한 낭만과 열정은 희미해져요. '신혼여행은 끝났다'라는 말을 사람들이 많이 하듯이요."

  부부의 경험을 정상화할 때 내 결혼 생활의 우여곡절, 시련, 고난을 꽤 자유롭게 공유한다. 내담자들은 상담사를 완벽한 사람으로 보는 경향이 있기에 우리의 관계와 삶도 어려울 수 있다는 것을 알려주는 것은 이들에게 안도감을 준다. 다른 장에서 상담사의 치료적 자기개방에 대해 더 깊이 다루겠다.

### (3) 간접적인 메시지

상담실에는 항상 세 사람이 있다. 더 폐쇄적이고 방어적인 배우자에게 다가가는 방법의 하나는 다른 배우자와 많은 공감과 지지적인 태도로 그에 대해 이야기하는 것이다. 예를 들면, "에비, 당신이 자주 존에게 비난받는다고 느끼지만, 핵심은 존이 고통받고 있다는 것이에요. 그의 비판과 불만은 그의 눈물일 거예요. 당신이 외로움을 느낀다고 말하는 것처럼, 그도 외로울 거예요."

밀턴 에릭슨 최면요법의 주요 특징인 부드러운 간접 접근 방식이 존의 마음을 여는 데 더 효과적이다. 내가 그에게 직접적으로 외로울 것이라고 말했다면 그는 부인했을 것이다.

### (4) 옵션을 활용한 판매 홍보

협력적인 부부상담은 부부가 선택할 수 있는 옵션들의 구성을 사용한다. 상당한 변화를 이루어야 하는 부부를 도울 때, 나는 가장 어려운 수준에서 가장 수월한 수준의 순서대로 하나씩 옵션을 소개한다.

예를 들어, 별다른 진전을 이루고 있지 못하는 조안의 음주 문제에 대해, 나는 다음과 같이 시작할 것이다. "조안, 스탄과 당신의 아이들, 그리고 제가 당신의 음주와 건강에 대해 얼마나 걱정하는지 아시죠? 해독과정과 한 달짜리 집중 치료 프로그램을 바로 시작하셨으면 해요."

그러면 그녀는 이 제안을 거절하고 스스로 할 수 있다고 말할 가능성이 매우 높다. 그러면 나의 두 번째 제안은 외래환자 집단상담과 익명의 알코올중독자회에 참여하는 것이다. 그녀가 두 번째 제안도 거절하면 나는 다음과 같이 말할 것이다.

"조안, 당신에게 공격적인 치료에 대한 도전은 아직 어려운 일인 듯해요. 당신은 스스로 이 문제를 해결해 보고 싶어 하는 것 같아요. 안전하고 통제된 음주 계획을 당신이 세우는 게 어떨까요?"

이미 몇 가지 아이디어를 거부한 조안과 같은 내담자들은 너무 저항적이고 완고한 것처럼 보이지 않기 위해, 어렵더라도 마지막 옵션을 채택하는 경우가 많다. 조안은 이전에 통제된 음주 계획을 세우는 것을 꺼렸지만 훨씬 더 어려운 대안 옵션들이 주어지자 갑자기 세 번째 방법을 선택하였다.

### (5) 협력적이고 참여도가 높은 내담자를 먼저 도전하기

일반적으로 부부 중 한 사람이 더 헌신적으로 상담에 임하고, 문제에 기여하고 있는 자신의 역할에 대해 더 책임감 있게 노력한다. 그 사람은 대개 처음에 상담하자고 한 사람이며, 이성애 부부의 경우 약 85%가 바로 여성이다. 그들의 배우자는 대부분 방어적이거나 저항적인 태도로 상담사-다른 배우자 연합군에게 몰릴 것을 기대하고 상담에 온다.

상담을 내켜 하지 않는 배우자를 도전해야 할 때, 더 협력적인 그들의 배우자를 먼저 도전하는 것이 도움이 된다. 반드시 공평한 것은 아니지만 효과적이다. 나는 샐리에게 덜 비판적이 되도록 힘주어 권장한 다음, 앨런의 화를 직면시킬 수 있다.

### (6) 연쇄반응 멈추기

부부가 비난 게임과 언쟁의 소용돌이에 맴돌고 있을 때, 다음의 방법들은 그 연쇄반응을 멈추는 데 유용하다. 부부가 자리를 바꾸거나, 서로 등을 돌리고 이야기하거나, 하고 싶은 말을 적어서 교대로 읽거나, 의사소통 기술을 활용하거나, 상담사에게 이야기하거나, 일어나서 방을 돌아다니게 하거나, 침묵 속에서 종소리를 들으며 짧은 명상을 하게 한다. 그러면 진정하고 상담을 계속 이어갈 수 있다.

(7) 미러링

부부 중 한 사람이 공격적으로 화를 낼 때 그들의 행동을 따라 해볼 수 있도록 허락을 구한다. 예를 들어, 앤디가 자신의 주장을 강조하기 위해 아내에게 소리를 지르고 의자를 집어 바닥에 쾅 소리가 나게 내동댕이치는 행동을 반복하고 있었다. 나는 처음에 충격을 받았고, 그다음에는 그의 말을 가로막고, 그가 아내에게 어떻게 다가가고 있는지 보여주어도 되는지 조용히 물었다. 앤디는 "그럼요"라고 대답했다. 나는 그에게 더 가까이 다가가 그와 아내 사이와 같은 거리를 만들고, 의자를 들고 소리 질렀다. "앤디, 이게 바로 당신이 아내에게 말하는 방식이고 행동하는 방식이에요." 그리고 나는 의자를 '쾅' 하고 내리찧었다. 그는 얼굴이 하얗게 변한 채로 숙연하게 사과했다.

모든 부부상담사는 부부의 오래된 상호작용 반복을 멈추게 할 개입 기술의 툴킷이 필요하다. 우리는 부부 상호작용 패턴을 조율하고 개입하는 방법들을 가지고 있고, 바로 이것이 우리가 하는 일의 핵심이다.

나는 한때 다음과 같은 제목의 칼럼을 썼다. "그들의 상호작용-춤을 배우기, 그리고 몇 스텝은 바꾸기" 우리는 내담자들에게 가르칠 수 있는 새로운 스텝이 다양하게 필요하다. 당신의 스텝들은 무엇인가?

## 상담사의 실수

한 남성과 두 여성으로 이루어진 남매, 그리고 그 여성 중 한 명의 남편, 이 네 명이 내 상담실에 앉아 아무 말도 하지 않고 있었다. 그 침묵은 무겁고 두꺼웠다. 아무도 서로를, 그리고 나를 쳐다보지 않았다. 그들의 눈동자는 상담실 여기저기를 살피며 불안하게 움직였다. 일주일 전 그들의 또 다른 남자 형제가 자살했다.

상담실에 있는 남자 형제는 지난 10년 동안 정신병원에 입·퇴원을 반복하며 거의 기능을 하지 못하고 있었다. 남편과 함께 온 여성은 서서히 무너져 가는 결혼 생활을 겨우 버티고 있었다. 다른 여성은 혼자 살면서 형제들과 연로한 알코올 중독자 부모를 돌보고 있었다. 나는 그들 모두를 동시에, 그리고 개별적으로도 상담해 왔다. 나는 그들이 자신의 삶을 살 필요가 있다는 것을 받아들이고, 곤경에 처한 가족을 구하는 헌신적인 노력을 중단하도록 도왔다. 나는 그들에게 공동의존성(co-dependence)과 조장[4]에 대해 가르쳤고 그들은 모두 진전을 이루고 있었다.

그 형제가 죽기 며칠 전, 술에 취해 그들 한 사람 한 사람에게 전화해서 도와달라고 요청했다. 그 형제는 수년 동안 이런 절박한 전화를 자주 걸어왔고, 형제들은 늘 와서 도와 주었다. 그를 여러 병원에 끌고 갔지만 회복은 항상 일시적이었다. 다시 마약에 손을 대는 데 그리 오랜 시간이 걸리지 않았다. 이번에는 형제들이 모두 나의 '엄격한 사랑'에 관한 조언을 따랐다. 모두 그의 요구를 거절했다. 치료를 받는 첫발을 내딛어야만 돕겠다고 말했다. 그는 대신 자살했다.

---

4 옮긴이 주: enabling, 의존적인 사람을 도와주는 행동

내가 실수했다는 것을 안다. 그를 안전하게 병원에 데려갈 수 있도록 격려했어야 했다. 의학적 응급 상황이었지만 나는 그것을 심리치료적 관점으로 다루었다.

그렇다. 나는 당시 학계의 전통적인 지혜를 따랐다. 하지만 만약 우리가 그를 병원에 데려갔다면 그는 오늘날 살아 있을 수도 있다. 1986년에 일어난 일이니 대략 30년 전이다. 이 사건은 아직도 나를 괴롭힌다. 수년이 지난 지금도 그의 형제 중 한 명과 그의 자매 중 한 명을 계속 상담하고 있다. 우리는 실수를 저질렀다는 감정에 대해 다루었다. 우리는 이따금 서로의 죄책감과 슬픔을 위로한다.

우리 모두는 최선의 노력에도 불구하고 실수를 저지르고 심지어 잠재적인 해를 끼칠 수도 있다. 나는 부부들과의 세션에서 실수하는 것이 정말 싫다. 그리고 항상 실수한다. 실수는 일정을 망치거나, 이메일이나 전화를 회신하지 않거나, 약속한 사항을 기억하지 못하거나, 중요한 정보를 기억하지 못하는 등의 부주의한 행정 오류일 수 있다. 그러나 가장 해로운 실수는 내담자의 감정을 상하게 하며 일어나는 관계적인 실수이며 이는 무수히 많은 경로로 일어난다. 내담자의 감정을 충분히 이해하지 못하는 공감의 실패, 과도한 자기개방, 개인적 경험으로 내리는 임상적 판단, 역전이 반응에 따른 행동, 지지하는 수준과 도전하는 수준의 균형 실패, 비판을 받을 때 방어하는 자세, 같은 결과에도 불구하고 반복해서 시도하는 개입 등이다.

실수에 대한 관리는 첫 번째 세션에서부터 일어난다. 내담자들에게 나는 실수를 할 수 있다는 것과 그들이 비판적인 피드백을 기꺼이 줄 때 최선의 상담을 할 수 있다는 점을 미리 알린다. 그리고 실제로 내가 실수하여 내담자가 나에게 부정적인 피드백을 줄 때, 공감하며 비판에 개방적으로 반응하는 나의 모습은 부부가 모델링할 수 있는 훌륭한 임상 기회이다.

예를 들면 다음과 같다. "이런, 릭. 세라와 내가 연합하여 당신을 공격하는 느낌을 받았다고 직접적으로 말씀해 주셔서 정말 감사해요. 테스토스테론 중독에 대한 나의 무심한 말이 과할 수 있다는 것을 정말 이해해요. 정말 죄송해요."

방어하거나 합리화하지 않고 실수를 책임지는 자세는 대부분 즉각적인 감사를 받는다. 경력 초기에는 비판을 받으면 망연자실했지만, 지금은 권위 있는 인물에게 비판적으로 마음을 열 수 있는 내담자의 친밀한 선물이라고 생각한다.

비판을 공감과 주인의식으로 대하는 것은 어떤 내담자에게는 진정한 치유의 순간이 된다.

## 부부상담이 효과가 없을 때

최선의 노력에도 불구하고 어떤 부부에게는 우리의 상담이 효과가 없을 수 있다. 반드시 우리가 실수했기 때문이거나 상담으로 변화 불가능한 부부여서도 아니다. 내 잘못도 아니고 그들의 책임도 아닐 때가 있다. 그저 우리가 누구인지와 우리가 제공하는 것들이 우리 앞에 앉아 있는 부부에게 딱 맞는 것이 아닐 때가 있다.

나를 포함한 많은 상담사가 자신의 상담실에 들어오는 사람이라면 누구나 치료할 수 있어야 한다고 자주 생각한다. 이는 정말 잘못된 생각이다. 나는 그저 어떤 내담자에게는 적합한 사람이 아니다. 어쩌면 다른 상담사가 그들을 더 잘 도울 수 있다.

나는 학생들에게 다음과 같이 농담한다. "내년에는 전국의 상담사들이 모두 새해 전야 특별 방송 현장에 앉아 잘 돕지 못했다고 생각하는 최악의 사례 파일 3개를 가져오세요. 자정이 되면 그 파일을 오른쪽에 있는 상담사에게 넘겨주세요. 즉, 우리는 가장 어려웠던 사례를 가지고 올드메이드 게임을 하는 것입니다. 여러분 중에 내 사례를 잘 해낼 분이 있을 것이고, 나도 여러분 것 중에서 잘 맞는 사례가 있을 것입니다."

협력적인 부부상담에서 상담이 실제로 도움이 되는지 아닌지는 내담자와 상담사 둘 다 모든 세션마다 직접 물어야 하는 공통된 질문이다.

상담사와 부부 세 명 중 한 명이라도 효과가 없고 충분한 진전이 이뤄지지 않는다고 느껴진다면 진행을 일시 중지하고 무엇이 바뀌어야 하는지 함께 고려해야 한다. 나는 다음과 같은 옵션을 제공한다.

(1) 부부 중 한 명이 정체되어 있다고 느낀다면, 우선 부부상담 세션을 통해 이를 해결하려고 시도한다. 이를 통해 조정되지 않는다면, 나는 불만족스러운 내담자와 단둘이 만나 그 사람이 겪고 있는 어려움을 내가 도울 수 있는지를 알아보자고 제안한다.

(2) 부부와 나 양측 모두 진행하는 과정에 대해 걱정이 있다면 나는 대개 함께 컨설팅을 받자고 제안하고, 동료 상담사에게 상담 구조를 평가해달라고 도움을 요청한다.

(3) 가끔은 나 없이 동료 상담사와만 상담할 수 있도록 부부를 의뢰한다. 어떤 부부들은 내가 없을 때 상담 효과가 없는 것에 대해 더 자유롭게 논의할 수 있을 것이다.

(4) 마지막으로, 어떤 부부상담은 조장(enabling)하는 상황에 있을 수 있다. 실제로 변화를 시도하는 것보다 상담사와 변화에 대해 이야기하는 것

이 더 안전하고 편안하기 때문이다. 어떤 부부는 자신이 원하는 변화를 이루지 않거나 목표 달성에 성공하지 못한 채 상담을 계속할 수도 있다. 이런 부부는 상담에 오는 것만으로도 충분하다고 안도감을 가질 수 있다. 나는 이것을 '치료적 방전(Therapeutic Discharge)'이라고 부른다.

상담 자체가 조장하고 있을 가능성은 중독 내담자가 있을 때 가장 자주 발생한다. 나는 보통 '추가 마일'을 더 가는 것을 굳게 믿는다. 부부와 함께 열심히 작업하며 가는 추가 50마일을 말이다. 나는 100% 헌신하는 상담사이다. 내 시간과 마음을 온전히 바친다. 하지만 가끔 "당신이 해결책의 일부가 아니라면, 당신은 문제의 일부다"라는 60년대의 옛말을 떠올린다. 어떤 경우에는 상담을 계속하는 것이 문제의 일부이다.

그러한 경우, 상담이 부부에게 도움이 되지 않을 뿐만 아니라 실제로 해를 끼친다고 믿기 때문에 종결 제안을 부드럽고도 단호하게 한다.

메리가 술을 끊고 척이 포르노 중독에 빠지지 않도록 돕기 위해 지난 2년 동안 노력해왔다. 그리고 지난주에 그들에게 말했다. "드릴 말씀이 있어요. 두 분은 이 상담이 유익하다고 생각하시지만, 두 분이 원하시는 파괴적인 행동을 변화시키는 데는 도움이 되지 않고 있어요. 저는 '첫 번째는 해를 끼치지 말아야 한다는 것이다'는 말을 굳게 믿어요. 요즘엔 상담이 이상하게도 여러분이 변하지 않는 것을 조력하고 있다는 생각이 들어요. 우리는 빙글빙글 맴돌고 있어요. 제 소견엔 두 분은 다른 상담사를 만나거나, 우리가 함께 다른 상담사에게 컨설팅을 받거나, 아니면 잠시 쉬어야 할 것 같아요. 솔직히 말씀드려요. 두 분은 시인 메리 올리버(Mary Oliver)의 예리한 질문인 '말해 보세요, 당신의 자유롭고 귀중한 인생에서 무엇을 할 계획인가요?'에 대해 생각해 보는 시간을 가져보세요."

그들은 상담을 떠났고 이후 어떻게 되었는지 모르겠다.

상담은 예측할 수 없고 통제 불능일 때도 있다. 최선을 다해도 효과가 없을 때가 많으며, 해를 끼칠 때도 있다. 단순히 상담사와 내담자가 잘 안 맞는 부조화 매치(mismatch)일 때도 있다.

# 제13장

# 상담사 의자에 앉아 있는 코끼리:
## 상담에서 가장 다루기 어려운 존재, 상담사
### THE ELEPHANT IN THE THERAPIST'S CHAIR

샘은 엉덩이에 손을 얹고 성큼성큼 걸어 들어왔고, 진저가 그의 뒤를 겁에 질린 토끼처럼 두 손은 모아 비비고 발을 끌면서 순종적인 모습으로 걸어 들어왔다.

샘은 자리에 앉자마자 불쑥 말하기 시작했다.

"선생님은 이것을 믿지 못할 것입니다. 제 아내는 무성욕자입니다."

아내는 손으로 얼굴을 가리고 눈물을 뚝 뚝 흘렸다.

험난한 시작이었다. 나는 부부 양측이 모두 아내에게 문제가 있다고 믿고 있음을 알아차렸다. 샘은 섹스에 대한 아내의 관심 부족에 매우 화가 나 있었고, 진저도 자신의 성욕 문제에 대해 매우 속상해했다.

상담 세션이 얼마간 흐른 후에 내가 그들에게 섹스를 얼마나 자주 하는지 물어보았다. 진저는 다시 울기 시작했고, 티슈를 손에 쥔 채 당혹스러운 얼굴로

---

5  옮긴이 주: elephant in the room, 누구나 알고 있지만 말하기 꺼리는 문제, 금기시되는 주제

대답했다.

"이제 격일로만 해요."

샘은 마치 '내가 참아야 하는 게 뭔지 들었죠?'라고 말하는 것처럼 나를 쳐다봤다.

나는 충격을 받았다. 폭력적인 상황으로 느껴지는 강한 역전이를 경험했다. 내게 도움을 청하러 온 것은 요구가 많은 거인이었지만, 나는 이 괴물에게 붙잡힌 곤경에 처한 소녀를 구출하고 싶었다.

나는 남편이 좀 더 합리적인 성적 기대를 하도록 친절하게 교육하였고, 아내를 안심시키며 안정을 갖도록 도왔다. 세션이 종결되었을 때 남편은 치료실에 들어왔을 때와 같은 방식으로 '쿵쿵' 걸으며 나갔고, 이후 그들을 다시는 보지 못했다.

샘과 진저에 대해서 나는 부부상담의 기본 규칙을 깼다. 부부에게 무엇이 정상인지에 대한 나의 가치관과 관점을 강요해서는 안 되며, 나의 역전이 반응이 내가 부부 내담자와 관계를 맺는 방식에 영향을 끼치지 않도록 해야 했다.

사실 상담사 대부분은 내담자들을 행복한 부부로 만드는 법에 대한 많은 편견을 갖고 있다. 우리는 모두 자신의 성별과 성적 지향성, 관계에 대한 경험, 원가족 역동으로부터 영향을 받는다. 우리가 적응해 온 삶의 경험과 방식들이 상담실로 침투해 온다. 우리는 자연스럽게 나에게 효과적이었던 해결책을 제공하려는 경향이 있다. 우리가 인간관계에서 사용하는 타협과 해결 책이 우리 내담자들에게 제시되는데, 이는 우리 자신이 옳다는 것을 입증하려는 무의식적 시도일 수 있다.

샘과 진저에 대한 나의 즉각적인 역전이 반응은 그들이 처한 상황으로 들어가 합류하는 것을 방해하였고, 금발의 처녀를 구조해 내는 빛나는 갑옷을 입은 기사가 되는 시도를 하게 했다. 상담사들은 면밀하게 인간관계에 대한 우리의 가정과 편견들을 점검하고, 이것이 어떻게 우리의 상담에 영향을 미치는지 필수적으로 살펴보아야 한다.

내담자들도 우리가 어떤 사람이고 어떻게 생각할지에 대한 그들의 편견을 우리에게 투사한다. 남편들은 여성 상담사와 그들의 아내가 한편이 되어 자신을 괴롭힐 것이라고 가정하는 일이 흔하다. 이러한 편견은 그들을 방어적으로 만들기 때문에 결국 상담사가 아내와 더 쉽게 라포를 형성하도록 이끌고, 그러면 그들의 두려움은 확증된다. 한편, 내가 내담자에게 상담사로 선택되는 주요 이유는, 많은 경력이나 저서, 연령보다는 내가 남자이기 때문이다. 아내들은 내가 그들의 남편과 잘 합류할 것이라고 가정하는데, 꼭 그렇지는 않다.

편견이 우리에게서 기인하든 내담자에게서 기인하든, 우리 상담사들이야말로 상담실의 코끼리이다.

우리의 삶의 경험이 부부상담에 미칠 수 있는 영향의 일부를 살펴보겠다.

## 상담사의 성별과 성적 지향

상담사 대부분은 실제로 내담자 대부분과 공감적인 유대를 형성하는데 뛰어나다. 특히, 우리가 가진 성별로서의 경험은 이 유대감 형성에 영향을 크게 미치며, 우리와 같은 성별을 가진 내담자에게는 더욱 그러하다. 예전에, 매기라는 여성이 여성으로만 구성된 나의 슈퍼비전 집단에서 "주방 청소 한 번으로 요란을 떠는 남자들을 도대체 어떻게 다루어야 할지 모르겠어요. 나는 그의 아내인 게 귀찮아요."라고 말했다. 모든 집단원이 그녀의 심정을 다 안다는 듯이 웃었다.

한편 남성 집단원으로만 구성된 슈퍼비전 집단에서는 남성의 충족되지 않은 성적 필요에 대한 고충을 공감하는 여성이 거의 없다는 좌절을 다 함께 공유했다.

우리는 자신이 가진 편견을 보상하기 위해 우리를 믿지 못하는 배우자 쪽을 지지하는 데 비상한 노력을 기울이는 경우가 많다. 나는 내게 반발적인(reactive) 감정을 불러일으키는 아내들을 적절하게 도전하지 못하는 경우가 있다.

우리의 성적 지향과 성 경험도 다른 배경을 가진 사람들에 대한 무의식적인 편견과 판단을 형성하는 데 영향을 미친다. 나는 게이와 레즈비언 부부를 상담할 때마다 그들의 문화와 규범에 대한 이해의 부족을 인정하며 시작한다. 나의 편견이나 선입견이 상담 중에 나타나면 나를 직면하고 교육해달라고 요청한다.

## 상담사의 인종과 민족성, 문화적 차이

지난봄 나는 흑인 부부 제니스와 로저를 만났다. 그들과의 초기면담은 순조로웠다. 그들은 상당한 노력으로 그들의 분야에서 신뢰받을 자격과 성취를 이루어 낸 부부였다. 나는 그들을 다른 백인 부부와 다르게 대하지 않기 위해 주의를 기울였다. 상담이 잘 진행되고 있는 듯했으나, 아직 그들이 흑인이고 나는 백인이라는 비언어적인 실제는 다루어지지 않은 채 무시되고 있었다. 상담실의 코끼리에 대해서 말할 때가 되었다.

나는 이 부부가 정말 마음에 들었고, 이들과 더 깊은 라포를 만들기를 원했다. 우리의 세션은 유머가 풍부했기에 나는 인종 차이를 직면하는 농담을 용감하게 시도하기로 했다. "제니스와 로저스 씨, 내가 당신들을 처음에 만났을 때 살펴본 것처럼, 당신들도 나를 살펴봤을 거예요. 내가 백인이지만 상담이 어땠나요?"

그들의 놀람과 웃음은 무시되고 있던 실제를 현실로 가져왔다. 제니스는 크게 웃으며 대답했다. "당신은 백인 상담사로서 그리 나쁘지 않아요. 최소한 당신은 친한 친구 중에 흑인도 있다고 말하지 않았어요."

다른 인종과 민족성을 지닌 내담자를 상담할 때, 나는 항상 그들과 나 사이의 문화적 차이점을 인식하고, 내가 그들의 규범에 대한 이해가 부족할 가능성을 대비하려고 한다. 예를 들면, 그들의 문화에 대한 나의 이해 부족으로 부주의하게 그들의 감정이 상하는 경우가 있다면 피드백을 달라고 미리 요청한다. 이에 대해 한 흑인 내담자는 다음과 같이 말했다. "우리는 백인들을 교육하는 데 익숙해져 있기에 좋습니다. 다만 제가 모든 흑인을 대변한다고 기대하지는 마세요."

모든 부부는 개별화된 문화를 갖고 있다. 우리와 다른 인종이나 민족성에 대해서 논의할 때 그 차이는 명백하겠지만, 같은 사회 계층이나 교육 배경을 지닌 부부들끼리도 차이점이 있다. 나는 나와 아내와 비슷하게 보이는 부부에게 나의 경험을 투사하는 경향이 있다. 그러나 곧 나의 가정은 완전히 틀린 것으로 밝혀진다.

## 상담사의 원가족 이슈와 과거의 대인관계 경험

상담사는 자신의 원가족 배경과 관계에 대한 경험을 가지고 상담사 의자에 앉는다. 많은 상담사가 역기능적인 가족에서 성장했고, 일부는 외상 경험이 있다. 상담사로의 소명은 가족을 돌보는 아동기 시절을 보냈던 것에서 시작되는 경우가 많다. 나 역시 성장기에 오랫동안 원가족의 갈등과 고통을 대신 떠맡는 동반의존형 중재자 자녀였고, 강으로 가는 오리처럼 자연스럽게 상담 분야로 오게 되었다. 상담사로서의 오랜 경력과 상관없이 나는 상담을 효과적으로 진행해야 한다는 나의 심리적 필요에 의해 책임을 지나치게 떠맡는 과잉기능인(over-funtioner)이 되곤 했다. 이는 간혹 내담자를 의존적으로 만들어 스스로 자신의 삶을 온전히 책임지는 것을 배우는데 방해하는 요소로 작용했다.

나는 또한 갈등 회피적인 대처방식을 사용하며 성장했다. 그래서 내담자들을 진정시키고 갈등을 잘 관리하도록 돕는 데 꽤 능숙하다. 그러나 나의 갈등 회피 성향은 내담자가 경험하는 갈등이 치료적 가치를 지니고 있음을 신뢰하도록 돕는 데 장애가 된다. 격렬한 갈등은 변화의 기폭제일 수 있음에도 말이다.

우리 모든 상담사는 여러 가지 종류의 대인관계 경험이 있고 가슴 아픈 이별의 경험도 있다. 부부관계와 대인관계의 어두운 밤을 통과하는 우리 나름의 방법을 마련했고, 개인적인 경험에 근거한 나름의 정답들을 편견으로 갖고 있다. 이혼할지 결혼을 유지할지 고민하는 내담자가 있을 때, 만약 우리가 많은 난관을 극복하고 타협점을 찾으며 장기간의 결혼 생활을 유지해 왔다면, 결혼 유지를 옹호할 가능성이 있다. 반면 우리가 성공적인 이혼을 경험했다면, 무의식적으로 이혼을 긍정하는 방향으로 기울어지는 경향이 있을 것이다. 특히 그 내담자의 배우자가 우리가 이혼한 전 배우자를 생각나게 할 때는 더욱 그러하다.

***

우리는 피부색, 옷, 나이, 상담실이 꾸며진 방식을 통해 이미 개인적인 삶의 역사를 드러내고 있다. 우리가 아무리 중립적인 태도를 유지하고 똑같은 공감으로 부부 양쪽을 대하려고 할지라도 우리의 편견들은 드러나고, 내담자들도 그들의 가정(assumptions)과 편견을 우리에게 투사한다.

우리는 내담자들을 탐색해 가며 나타나는 자신의 감정과 반응을 추적하는 도전을 해야 한다. 내담자와 조율해 가면서 나의 내적인 반응을 관찰하면 그 반응이 무심코 상담 과정에 어떻게 끼어드는지 알아차릴 수 있다. 부부 중 한쪽 배우자에 대한 나의 부정적인 반응을 추적하는 것은 다른 배우자가 그의 배우자를 어떻게 느낄지 이해할 수 있게 도와준다. 가장 중요한 도전은 이를 인식하고 관리하여 내담자와 공감적인 연결감을 형성하는 것이다.

예를 들어, 내가 성생활에 대한 자격이 있는 듯 요구가 많았던 샘을 수년 후에 만났다면, 그에게 가졌던 나의 부정적인 판단과 반응을 그대로 따라가지 않고 이것들을 나의 내면에서 다루어야 할 도전으로 여겼을 것이다. 내가 샘에게 가졌던 비슷한 감정을 요즘 만나는 내담자에게서 느낄 때, 나는 그들의 아동기 상처와 감정, 결핍된 욕구들에 대해 먼저 질문한다. 이제 나는 샘과 비슷한 내담자를 불안정하고 외로우며 애정을 원하는 소년이자, 자신의 모든 갈망을 표현하는 유일한 방법이 성욕인 남성으로 이해할 수 있다. 이제 나는 그의 당혹스러운 행동 방식에 반응하지 않고 그의 내적 고통에 초점을 유지하고 부드럽게 대할 수 있다.

나는 세션 진행 도중 부부 모두에게나 한쪽 배우자에게 반발감이나 분노가 치솟아서 목소리가 날카로워질 때가 있다. 이럴 때 나는 진정하기 위해 진행을 멈추고 심호흡한다. 아예 부부에게 양해를 구하고 화장실에 들러 진정하는 시간을 가졌던 적도 있다. 그러나 샘과 진저 부부를 상담할 때, 나는 진저를 구출하고 샘을 교육하는 데 혈안이 되었다. 그들이 나를 다시 찾지 않은 것은 당연하다.

내담자에 대한 나의 불편한 내적 반응을 오히려 직접적으로 오픈하여 건설적인 치료적 개입으로 사용할 때도 있다. 일단 내가 나의 목소리와 자세, 언어 선택에서 나의 반응을 알아차리면, 그 감정을 주의 깊게 내담자에게 표현할 방법을 찾는다. 내가 샘을 다시 상담한다면, 나는 다음과 같이 말할 것이다.

"제가 당신의 성생활 문제에 대해 제가 비판하고 판단하면서 선을 넘을까 봐, 그래서 필요하신 도움을 드리지 못할까 봐 염려돼요. 그리고 진저, 당신을 제가 과잉보호하는 방식으로 선을 넘을까 봐 염려도 돼요. 그러나 저는 두 분을 압박하고 있는 것으로 보이는 얼마나 자주 성관계를 해야 하는지에 대한 기대에 관심이 가요. 성관계 빈도에 대해서 옳고 그름이나 좋고 나쁨은 없어요. 우리는 상담 과정 동안 두 분에게 맞는 방법을 찾아갈 수 있을 거예요. 아내는 눈물로 고통을 표현했는데, 남편도 깊은 슬픔이나 고통이 없지 않을 거예요."

이러한 관점의 변화는 내가 상담사로서의 우월한 자리에서 내려와 자신의 감정에 대해 솔직하게 인정하고 상담을 위해서 염려하는 한 인간의 자리에 앉도록 돕는다. 나는 내가 상담을 한 방식이 때로 도움이 되지 않고, 오히려 문제가 될 수 있음을 인정한다.

내담자들은 흔히 우리에게 옳고 그름, 좋고 나쁨을 결정하는 힘 있는 판사나 부모의 모습을 투사한다. 내담자가 나를 그들과 같이 제한되고 흠이 있는 인간으로 보도록 하는 것은 종종 유용하다. 나는 가끔 클라이언트와 관계를 형성하고 그들과 내가 같은 경기장에 있는 사람임을 인식시키기 위하여 자기개방을 사용한다. 다음 장에서 우리는 자기개방이 부부상담에서 가진 힘과 복잡성을 탐색할 것이다.

## 제14장

# 자기개방의 치료적 사용
THE THERAPEUTIC USE OF SELF-DISCLOSURE

 피트와 엘렌은 과제 약속을 수행하지 못하면서 실패했다고 느꼈다. 나는 많은 부부가 과제 수행을 어려워한다고 말하며 그들을 안심시키려고 노력했으나 계속 낙담했고 상담 포기를 고려하고 있었다. 나는 부부관계를 잘 돌보지 못했던 과거 우리 부부의 실패를 공유하기로 했다.
 "저와 아내는 결혼한 지 50년이 되었고, 이러한 활동들을 하지 못할 때도 있었어요. 그때를 제외하고는 이 모든 활동을 잘 활용해 왔어요. 비록 의지가 강해도 오랫동안 못하기도 했어요. 과제를 하지 않으면 관계가 흔들리곤 했죠. 더 버거운 일은 그 사실을 우리가 잘 알면서도 과제 수행을 자꾸 지연하게 되는 것이었죠. 흥미롭게도 과제 수행에 저항하는 쪽은 주로 저였어요. 그 과제들을 하라고 열심히 권유하는 사람인데, 마치 설교하는 내용을 스스로 실천하지 않는 것처럼 말이죠."
 "그러면 상담사님은 어떻게 하셨나요?" 엘렌이 물었다.

"우리 부부는 자책하는 데 많은 시간을 많이 소비하지 않는 편이에요. 대신 단순히 다시 시작하며 최선을 다하려고 해요."

보통 내담자와 상담사는 함께 단순하고 자명한 현실을 외면하는데 공모한다. 이는 우리 상담사들도 한계와 결함이 있고 삶의 문제를 해결하기 위해 고군분투하는 똑같은 사람이라는 사실이다. 우리 모두 관계의 난관과 실연을 경험하지만 내담자들은 우리를 받침대 위에 올려놓고 우러러보는 경향이 있다. 우리는 우리 자신의 관계에서 어려움을 겪을 때면 부부상담사로서의 자신감이 떨어지기도 한다.

상담사로서 가진 기술들에도 불구하고 대인관계나 부부관계에서 어려움을 겪는다는 것을 공개하는 것은 부부에게 정상화와 지지를 제공하는 것이 될 수 있다. 상담사의 자기공개는 신중하게 사용하면 매우 효과적인 개입이 될 수 있다.

우리 상담사들은 달리 말하지 않는다면 내담자가 알 수 없는 삶에 관한 이야기, 즉 개인적인 경험이나 성공과 실수, 그리고 신념과 가치 등에 대해 얼마나 그들과 적극적으로 공유해야 하는지 혼란스럽다. 우리를 위해서가 아닌 그들의 필요에 부응하기 위해서 어떤 방식으로 자기개방을 사용할 수 있을까? 우리는 상담의 성공을 결정하는 요인이 우리의 이론적 접근이나 수년간의 경험, 혹은 훈련 유형이 아니라는 것을 많은 임상 연구를 통해 알고 있다. 가장 중요한 변수는 내담자와 상담사와의 관계이다. 그 관계에서 상담사가 자신에 관한 이야기를 공유하는 것은 내담자에게 얼마나 도움이 되거나 상처가 될까?

이에 대한 대답은 내담자마다 다르다는 것이다. 그래서 자기개방을 임상적으로 효과적으로 사용하는 것은 과학이 아닌 예술에 가깝다. 내담자마다 다르다.

부부상담사로서의 경력 초기에 재활 집단 지도자로 활동하고 있었다. 6개월 동안 그 집단에 있었던 거친 성격의 한 전과자에게 상담에서 가장 중요한 순간이 언제였는지 물어보았다. 당시는 70년대 초반이었고, 그와 내가 일주일에 4일을 하루 3시간씩 만났다. 나는 가능한 모든 만남에서 그 가엾은 내담자에게 게슈탈트 집단상담 기술을 적용해 대고 있었기에 그가 경험했을 많은 '카타르시스적 돌파구' 중 하나를 선택할 것이라고 기대했다. 그런데 그는 한 치의 망설임도 없이 대답했다. "가장 뜻깊었던 순간은, 칼을 퇴원시켜야 했을 때 당신이 울었던 그날 밤이었어요."

그 의도하지 않았던 자기개방은 내가 얼마나 내담자에게 관심이 있는지 그가 볼 수 있게 해주었고 그것이 그에게 중요했다. 그는 내 눈물이 그에게 선물과 같았다고 했다.

그러나 한 중년 여성은 부부상담 세션 도중 어렸을 때 친부에게 당한 성폭행 사실을 생애 처음으로 털어놨다. 그 사연이 너무 가슴 아파서 눈물이 차올랐고 이것이 그녀와 그녀의 남편, 그리고 나 사이의 믿을 수 없을 정도로 따뜻한 순간이라고 생각했다. 그러나 그녀는 다음 회기에 나타나지 않았다. 나중에 그녀의 남편을 통해 전해 들은 바로는, 그녀는 자신의 외상 경험을 감당할 수 없는 상담사에게 상담받고 싶지 않다고 말했다고 한다. 내 눈물은 그녀에게 선물이 아니었다.

모든 내담자가 다르다.

***

내가 경력 초기에 있던 기관은 자기개방의 임상적 사용을 매우 가치 있게 여기는 문화를 가지고 있었다. 나는 첫 번째 임상 업무를 이글빌 병원의 중독 재활 센터에서 했는데, 상담사의 절반이 자격증이 없는 회복기의 중독자였고 나머지가 석사 수준의 상담사였다. 그 상담사들이 하는 "나도 그랬어요. 그게 뭔지 알아요"의 말이 가진 강력한 힘과 중독에서 회복 중인 상담사가 얼마나 큰 영감을 줄 수 있는지를 보았다. 내가 훈련받은 계급적인 의료모델을 통해서가 아니라 치유 공동체의 동료 회원들이 서로 지지하며 운영되는 전통적인 12단계 프로그램의 놀라운 치유력을 보았다.

가족상담사가 되어 나보다 훨씬 나이가 많은 내담자들을 상담하기 시작했을 때는 내가 아직 부모가 되지 않았을 때이다. 그들보다 한 단계 위인 전문가로서 지시적으로 진행하는 방식보다 경험의 부족을 인정하고 단순히 그들의 육아 경험에 대해 교육해 달라고 요청하면서 진행하는 협력적 상담이 훨씬 효과적임을 알 수 있었다.

우리의 한계나 실패, 불확실성을 내담자와 공유하는 것은 그들이 자신의 인간적 약점을 덜 판단하고 덜 비판하도록 돕는다. 우리는 내담자와의 관계를 의사와 환자 사이 같은 상하 관계가 아닌 동등한 수준에 둘 수 있어야 한다. 우리는 내담자에게 어떤 상담 방식이 그들에게 가장 유용할지 물어보면서, 자신의 치유 여정에 대한 우리의 협력적 파트너가 되어 달라고 초대할 수 있다. 이를 통해 내담자는 자신의 삶에 대한 식견과 관점을 가치롭게 여기며, 임파워먼트를 느낄 수 있다.

자기개방은 치유적 선물일 수 있다. 또한 경계 침범, 민감하지 못한 개입, 부적절한 방종이 될 수도 있다. 우리가 우리의 생각이나 감정을 개방하고 싶다고 해서 내담자가 우리의 삶에 대해 들을 필요는 없다. 상호 개방이 너무 많으면 상담이 우정으로 변질될 수 있으며 치료적 초점이 흐려진다. 내담자는 상담사를 감정적으로 돌보거나 조심하지 않고 자신의 필요와 문제에 전적으로 집중할 수 있어야 한다.

상담사의 자기개방은 항상 그리고 매우 신중하게 실험적으로 행해져야 한다. 다음은 내가 내담자를 위한 자기개방을 고려할 때 중요하게 여기는 지침들을 모은, 내담자 중심의 신중한 자기개방 모델이다.

### 1) 가설

먼저, 현재 진행되는 세션에 대한 평가를 해야 한다. 내담자가 얼마나 개방적인지, 방어적인지, 상담이 정체되어 있는지, 지금 내담자에게 무슨 일이 일어나고 있는지, 효과가 있는지 등을 평가한다. 알코올 중독자 남편과 아내, 그리고 그들의 상담사가 함께 현장에서 라이브로 시연하는 면접 상담의 자문 위원 역할을 한 적이 있다. 세션이 진행됨에 따라 그는 점점 더 방어적으로 변했고 나는 그가 집단으로 공격받고 있다고 느끼고 있음을 알아챘다. 아내와 상담사, 그리고 청중 앞에서 내가 그를 인터뷰하는 전체 설정이 그의 참여를 막았다는 가설을 세웠고, 그와 다시 연결되기 위해 노력할 수 있었다.

### 2) 목표

명확한 내담자의 목표와 상담사의 목표를 가지고 있는 것이 중요하다. 이러한 명확성을 통해 세션의 진행이 적절한지 문제가 있는지 평가할 수 있다. 상담 목표를 수정하거나 우선순위를 재정렬할 필요가 있으면 최대한 민감하게 즉각 대응해야 한다. 위의 시연 인터뷰에서 나의 목표는 알코올 중독이 부부 분열과 적대감을 부추기지 않도록 부부와 상담사가 협력적으로 상담하는 과정을 조력하는 것이었다.

### 3) 전략

상담 순간에 일어나는 변화와 그것의 상담 목표와의 일치도를 평가한 후에 개입 전략을 구상한다. 시연 인터뷰에서 아내와 상담사, 그리고 거물 조력자인 나까지 집단으로 연합하여 자신을 비난하고 있다고 느끼는 남편과 합류하기 위해 아내나 상담사를 도전하는 방법을 사용할 수도 있었다. 그러면 남편과 다시 관계를 형성할 수 있겠지만 이 방법은 뒤로 미루기로 하고, 나의 자기개방을 먼저 사용하기로 했다.

나는 남편 폴이 나처럼 알코올 중독자인 어머니와 자랐다는 것을 미리 알고 있었다. 그래서 그가 "난 바보가 아니에요. 강의는 필요 없어요."라고 말했을 때 몸을 그를 향해 구부리면서 부드러운 목소리로 말했다. "그래요, 폴, 당신은 강의가 필요한 게 아니에요. 이런 게 얼마나 짜증 날지 이해해요. 당신은 훨씬 더 심각한 알코올 문제를 가진 어머니와 함께 자랐어요. 저도 알코올 중독자 어머니 밑에서 자랐는데 우리를 도와준답시고 상투적인 말과 강의 밖에 할 줄 모르는 모든 사람에게 내가 얼마나 화가 났는지 생생히 기억해요. 그런 것들은 정말 날 열받게 했어요."

4) 결과

자기개방을 했다면 그 결과를 매의 눈으로 찾아봐야 한다. 내담자의 반응이 개선되었는지, 아니면 시계를 보면서 "글쎄, 제가 하려던 말은요"라고 하는지, 세션의 분위기나 느낌이 긍정적으로 변했는지, 아니면 흐름을 방해했는지 평가한다.

나는 자기개방에 대한 결과를 확인하기 위해 폴의 반응을 기다렸다. 그는 나를 잠시 쳐다보더니 말했다. "당신이 한 말을 이해해요. 어머니가 보스 역할을 시작하면 정말 화가 나죠." 그리고 잠시 멈추고 나의 자기개방 내용을 자신의 일부와 일치시켰다. "처음에 저는 여기서 다소 방어적으로 참여했어요. 술을 마시는 것은 결국 저니까요." 그는 웃었고 상담은 정상궤도를 찾았다.

***

자기개방의 치료적 사용은 항상 실험이 필요함을 명심해라. 내담자가 반응이 없어도 상담사는 당황하지 않고 다른 개입으로 넘어갈 수 있어야 한다. 나는 상담의 치료적 관계는 내담자의 안녕을 위한 것이지 날 위한 것이 아님을 자주 상기한다. 우리가 내담자에게 공유한 내용에 그들이 공명하는 바가 없을지라도, 그들은 우리를 괜찮다고 안심시켜 줄 필요가 없다.

## 불가피한 자기개방

초기 프로이트의 정신분석 심리치료부터 지금까지 약 100년 동안 자기개방의 사용과 오용에 대한 논쟁이 계속되고 있다. 그러나 상담사의 경험, 생각, 가치들을 어느 정도로 공유하는 것이 임상적으로 적절한가를 논쟁하는 것은 단순한 진실을 놓친다.

자기개방의 여부는 상담사가 선택할 수 있는 문제가 아니다. 그것은 항상 정도의 문제다. 내담자가 우리에게 의뢰되는 순간 우리의 성별, 학위, 나이와 민족적 배경을 개방하게 된다. 첫 통화를 통해 우리의 대인관계 스타일, 침착함, 유머 감각과 공감의 정도가 개방된다. 그리고 상담실에서 만나면 우리의 의상, 머리 모양, 몸무게, 상담실을 어떻게 장식하는지 등이 개방되면서 훨씬 더 많은 노출을 하게 된다. 첫 면담에서 내담자는 우리가 그들을 평가하는 만큼 우리를 구석구석 확인한다. 우리가 말을 하든 안 하든, 의식적으로 그리고 무의식적으로 우리의 모든 말과 행동에서 자신을 드러내고 있다.

그리고 삶의 문제인 질병이나 임신, 친척의 죽음, 때로는 이혼 등도 내담자에게 꽤 명백하게 드러난다. 작은 지역사회에서 상담 기관을 운영하면 자녀의 성공이나 실패까지도 내담자에게 쉽게 전해진다. 이러한 면들을 고려해 보면 우리의 삶은 그저 오픈북이다. 따라서 자기개방은 선택할 수 있는 문제가 아니라 언제, 얼마큼 하느냐의 문제다.

많은 상담사는 자기 삶에 대한 내용(개인적인 경험, 성공과 실수, 신념 및 가치관)을 얼마나 공유해야 할지에 대한 확신이 없다. 언제 그리고 어떻게 하면 우리가 아닌 내담자의 필요에 부응하는 방식으로 개방할 수 있을까?

## 자기개방 결정이 선택이 아닐 때

"어떻게 지내세요?" 이 인사는 내가 수십 년 동안 세션을 시작하는 첫 마디였다. 암에 걸린 다음에는 이 인사를 내담자가 했다. 대기실 문을 열면 내담자는 마치 유령을 본 것처럼 깜짝 놀라 자리에서 벌떡 일어났다.

"괜찮으세요?" 그들은 가능한 한 침착한 어조로 물었다.

나의 움츠러든 몸, 숱이 없는 머리, 눈썹이나 속눈썹이 없는 수척한 얼굴은 그 자체로 내 병에 대해 적나라하게 보여주는 자기개방이었다. 이런 경우엔 상담사의 제한적인 자기개방이라는 경계선 뒤에 숨을 겨를조차 없다. 내 내담자들은 진실을 보았다.

유익한 자기개방에 대한 나의 고민은 병이 심각해져서 숨길 수 없던 시기에 증폭되었다. 큰 걱정의 낯빛으로 나를 바라보는 내담자들에게 나는 직접적이고 솔직하게 말했다. 최대한 간결하고 긍정적으로 나의 상태를 보고했다.

모든 부부는 상담사의 이런 모습에 아래 브렛과 엘리엇처럼 반응할 것이다.

브렛은 금발에 기운이 넘치는 치어리더 유형이자 자녀를 매니저처럼 따라다니며 바쁘게 양육하는 40대 중산층 엄마였다. 세 자녀를 낳고도 몸매가 좋았고 능숙하게 화장도 하면서 외모를 가꿨다. 그러나 성생활에 조금도 관심을 보이지 않는 엘리엇에게 실망하고 있었다.

"그런데요, 선생님." 그녀가 말했다. "선생님께서 개인적으로 엄청난 일을 겪고 계시는 중인데, 우리 성생활의 어려움을 다루도록 하는 게 옳지 않다는 생각이 들어요."

"제 병은 분명 삶의 문제를 좀 더 넓은 관점으로 볼 수 있게 해줄 거예요. 서로에게 더 부드럽고 감사하며 대할 수 있게 도와줄 거예요. 여기에 있는 동안에는 서로에게 집중하도록 해요. 이 상담 시간은 두 분이 지닌 고통과 어려움에 대해 진정으로 마음을 열 수 있는 공간이 되어야 해요."

"선생님께서 겪고 계신 상황에서 우리의 성생활 어려움을 다루는 것은 무리예요. 인정할 건 인정하셔야죠." 엘리엇이 나의 안심시키려는 시도를 무시하고 목소리를 높였다.

간신히 시작된 세션의 흐름이 다시 막히고 있었다. 애초에 내 병에 대해 개방할지는 선택사항이 아니었다. 하지만 그들의 진심 어린 걱정이 상담을 방해하고 있는 상황에 어떻게 대응할지를 고르는 데는 선택권이 있었다. 나는 그들이 자신의 문제에 집중하도록 계속 격려하거나 더 많은 자기개방을 사용할 수 있을 것이다.

나는 의자 바퀴를 굴려 브렛과 엘리엇에게 더 가까이 갔다. "명확히 말씀드리고 싶은 게 있어요. 나는 내담자들을 사랑해요. 나의 일을 사랑해요. 아픈 게 싫어요. 솔직히, 두 분의 친밀감 문제를 상담하는 게 내게 큰 도움이 돼요. 나는 내 건강을 걱정하며 앉아 있기보다 두 분이 서로를 유혹하는 관계를 되살리는 데 집중하는 편을 선택할 거예요. 그러니 두 분의 이야기로 돌아가 봅시다. 곧 내 상태는 차차 잊어버릴 거예요. 그렇게 하는 것이 사실 두 분이 제게 호의를 베푸시는 거예요."

나는 그들에게 미소 지었다. 그들도 내게 미소 지었다.

"사실, 우리는 약간의 진전이 있었어요." 브렛이 머뭇거리며 얼굴을 붉혔다.

효과가 있었다. 나의 안녕을 위해 그들이 필요하다는 이 매우 개인적인 자기개방이 유용했다. 그러나 내담자가 상담사를 돌볼 필요가 없도록 해야 한다는 상담 원칙과 모순적이지 않은가? 그렇다. 그러나 가장 중요한 것은 우리가 단순히 인간이라는 것이다. 상담사가 되어야 하는 나의 필요에 대해 공개하였기에 브렛과 엘리엇도 내담자가 되는 편안함을 되찾았다. 이 방법이 그들에게 맞았다. 하지만, 다른 내담자에게는 아닐 수도 있다.

*** 

나는 내담자의 유익을 위한 신중하고 창의적인 자기개방의 옹호자이다. 자기개방의 가치는 지난 35년 동안 상담사들을 훈련하면서도 확인할 수 있었다. 상담사는 예술의 경지를 실천하는 동시에 과학적이고 객관적이어야 한다는 부담을 안고 있다. 때때로 자신이 사기꾼이나 위선자처럼 느껴질 때도 있고 우리를 교육하며 더 현명하게 만들어 줄 다른 전문가를 찾기도 한다. 유능감을 유지하기 위해 워크숍에 참석하고 책을 읽으면서 내가 실천하는 것을 이해하고 발전하려고 노력한다.

우리보다 경험이 많은 전문가들은 어디에서 답을 얻는가? 그들도 우리와 똑같이 수년간의 노력과 끊임없는 고민, 삶의 경험을 통해 답을 찾아왔다. 많은 수련생이 성공하고 잘 알려진 상담사인 내가 여전히 일에 대해 불안과 혼란을 경험한다는 사실을 알게 되면 안심한다. 나 역시 잘 해결되지 않는 문제에 대해 다른 전문가의 조언이 필요하고, 때로 해가 될 수 있는 실수를 하기도 한다. 이 모든 과정이 상담사라는 소명의 본질에 포함되어 있다. 아무리 많은 경험과 훈련, 그리고 기술을 가지고 있더라도 모든 상담사는 한계가 있다.

상담은 때로 무슨 일이 일어날지 모르는 미스터리다. 그러나 상담사는 미스터리가 아니다. 우리는 부름을 받은 사람들이다. 위험을 무릅쓰고 다른 사람들의 고통에 마음을 여는 사람이다. 우리는 한 세션, 심지어 한순간이라도 보살피는 사람이 되는 것이 커다란 변화를 만든다는 것을 믿는다. 내담자에게 우리의 사적인 부분이 적합하게 개방되어 그 차이를 만드는 데 이바지한다면 의미 있는 것이다.

## 제15장

# 우리의 소명
OUR CALLING

---

몇 년 전, 나는 상담에 대한 상담사의 인식, 내담자의 인식, 연구자의 관찰 사이의 상관관계를 알아보기 위한 작은 연구 프로젝트를 수행했다. 숙련된 가족상담사가 많은 내담자를 인터뷰하며 상담 경험에 관한 그들의 생각을 수집했다. 그녀는 또한 그들이 현재 어떠하고 얼마나 잘 지내고 있는지에 대해 독립적으로 사정했다. 그런 다음 내담자의 경험이나 그녀의 의견을 나에게 전달하지 않은 채 그 사례들에 대한 나의 기억을 인터뷰했다.

그것은 천체 항법과 매우 흡사했다. 세 개의 서로 다른 별(말하자면)을 관찰한 다음 그들이 교차하는 곳을 찾으면 우리가 어디에 있는지 알 수 있다.

결과는 놀라웠다. 다음은 일부 응답을 간략하게 요약한 것이다.

한 가족의 어머니가 보고했다. "트레드웨이 선생님은 우리의 생명을 구했어요. 그가 없었다면 결코 해내지 못했을 거예요." 성인이 된 두 자녀와 아버지는 옆에서 진중한 동의의 표시로 고개를 끄덕였다. 그러나 연구원은 딸이 여전히 심각한 식욕부진증을 앓고 있고, 어머니는 병적으로 비만하고 모든 사람을 통제하려고 과잉 노력하고 있으며, 아버지는 과음하고 있음을 관찰했다. 내 기억에선 가족보험이 소진되어 상담이 진척도 없이 끝났던 사례였다. 하지만 그 가족에게 나는 생명을 지켜준 사람이었다.

반면, 내가 뛰어난 성공 사례 중 하나라고 판단했던 어떤 가족은 상담 효과는 없었지만 같은 기간 동안 함께 교회에 정기적으로 참석하기 시작했기 때문에 극적인 개선이 있었다고 보고했다.

최후의 일격은 내 내담자였던 수잔과의 인터뷰였다. 나는 웰즐리 대학에 입학한 첫 주에 부모님의 요청으로 온 수잔과 18번의 세션에 대한 좋은 기억을 가지고 있었다. 나는 딸도 없고, 젊은 여대생과 개인상담을 한 적도 없었지만, 수잔과의 세션을 무척 좋아했다. 나는 그녀가 대학생으로서 험난한 길을 헤쳐 나가는 데 도움을 주는 현명하고 친절한 대리 부모이자 안전한 남자가 되려고 애썼던 것을 기억한다.

법대 재학 중이었던 수잔은 연구원에게 다음과 같이 말했다. "아, 트레드웨이 선생님을 기억해요. 제가 대학에 입학한 첫 몇 주 동안 부모님이 몇 번 보도록 만든 의사였어요. 사실 도움이 되었는지는 잘 기억나지 않아요. 그렇지만 좋은 분이었어요." 그런 다음 그녀는 잠시 멈추고 말했다. "오, 잠깐만요. 어느 늦은 밤에 주차장 불이 켜지지 않았기 때문에 내 차까지 데려다주었어요. 그때 그가 내 인생을 바꾼 놀라운 말을 했어요."

연구원은 "그가 무슨 말을 했나요?"라고 간절히 물었다. 긴 침묵 후에, 그녀는 대답했다. "에이, 기억이 안 나네요." 나는 그녀의 차로 걸어간 기억조차 없었다.

그 하나의 치료적 순간이 정말 수잔의 삶을 바꾸었을까? 사람들의 삶을 변화시키는 데 상담이 어떤 역할을 하는가? 수잔과의 상담이 진정 그녀에게 도움이 되었을까? 우리가 하는 일이 조금이라도 차이를 만든다고 생각하는 것은 오만일까?

나는 상담사로서의 특권과 고통을 반영하는 다음의 임상 사례를 소개한다.

칩과 앤, 부부의 부모님은 모두 그들이 스무 살이 되기 전에 알코올 중독으로 사망했다. 그들이 결혼했을 때는 겨우 스물한 살이었고 칩은 세 동생의 후견인이었다. 칩은 공장 노동자였고 앤은 비서였다. 그들은 생계를 유지하기 위해 바빴다.

1984년 그들이 나를 보러 왔을 때 비참한 처지에 있었다. 그들은 작은 아파트에서 칩의 세 동생을 양육하며 생계를 유지하는 책임에 허우적거리는 신혼부부였다.

첫 번째 세션에서 앤은 칩의 음주에 대해 불평했고 칩은 앤의 잔소리에 대해 불평했다. 그들은 자신들의 삶이 완전히 압도당했고, 지치고, 동요하고 있고, 절망적임을 쉽게 인정했다. 상담이 별로 진전이 없던 와중, 나는 불쑥 그들의 첫 데이트에 대해 물었다.

그들은 웃기 시작했다.

"글쎄요, 정확히 데이트라고 할 수는 없지만요, 선생님." 칩이 멋쩍은 미소를 지으며 말했다.

"농담이 아니에요." 앤이 끼어들었다. "이렇게 우쭐대는 남자는 처음 봤어요. 비가 쏟아지는 바람에 고등학교 축구 경기 관람석에 옹기종기 모여 있을 때였어요. 나는 멍청한 치어리더 복장을 하고 있었기에 얼어 죽을 지경이었죠. 그때 이 남자가 나에게 그의 대학 점퍼를 건넸어요. 큰 영웅이 납셨죠." 그녀는 다정한 톤으로 칩을 놀렸다.

"글쎄, 그녀도 불평하지 않았죠." 그들은 함께 웃고 있었다.

"그리고 나서는 그가 나를 안아주면서 따뜻하게 해주려고 노력하고 있다는 것을 알고 실제로 기분이 좋았죠. 그런데 갑자기 나에게 키스하려고 해서 내가 머리를 뒤로 빼는 바람에 내 턱에 멋진 키스를 했답니다. 그리고 그는 이후로 소심해졌죠."

"너 나랑 결혼했잖아, 그렇지?" 그는 다정하게 반박했다.

"엿 먹어, 바보야." 그녀는 얼굴을 붉히며 놀렸다.

"당신 이제야 평소처럼 말하네." 그가 윙크하며 말했다.

둘은 손을 잡고 상담실을 나가며 첫 세션이 끝났다. 나는 훌륭한 개입을 했다고 생각했다.

하지만 이야기는 거기서 끝나지 않았다. 칩의 알코올 중독이 서서히 악화하고 앤이 알코올 중독자 배우자의 고전적인 역할인, 과잉기능자가 되어 세세한 부분까지 관리하는 몇 년 동안 그들을 상담했다. 나는 내가 할 수 있는 모든 것을 시도하면서 나 역시 과잉기능적이고 동반의존적인 상담사가 되어있었다. 나는 미숙한 어린 경력 초기의 상담사였다. 그들을 거의 입양한 것이나 마찬가지였다. 그런 식으로 상담을 겨우 이끌어가고 있었다. 칩이 음주운전에 걸려서 의무적으로 약물치료와 익명의 알코올중독자회 참여를 시작하면서 상황이 호전되기 시작했다.

이후로 그들을 가끔 만나왔고 그의 익명의 알코올중독자회 10주년 축하 행사에 초대되었을 때는 정말 자랑스러웠다. 다시 한번 나는 훌륭한 일을 했다고 생각했다.

하지만 이야기는 거기서도 끝나지 않았다. 칩과 앤은 두 딸이 십 대가 되었을 때 다시 찾아왔다. 그들은 자녀들 문제로 항상 싸웠고 상담은 별 진전 없이 계속되었다. 그러다 얼마 후 칩은 앤과 내가 뭉쳐서 그를 몰아붙인다고 불평하며 오지 않았다. 칩은 다시 술을 마셨고, 이번에는 공격적이고 비열한 방식의 행동들도 많아졌다. 앤은 그를 다시 끌고 오려고 했지만, 그는 호전적으로 저항했다.

그는 우리 둘 다에게 이렇게 말했다. "우리 부모님은 술에 취해 죽었어요. 나라고 별수 있겠어요? 상담도 소용없어요. 저는 가지 않을 거예요."

2주 후, 칩은 술을 엄청나게 마신 채 실종되었다.

앤은 필사적으로 내게 전화했다.

"그가 자살할 것 같아요." 그녀는 전화기에 대고 소리쳤다.

나도 공포를 느꼈다. "경찰을 불러요." 내가 말했다.

"그게 무슨 소용이에요, 선생님?" 그녀는 화를 내며 말했다. "경찰은 아무것도 하지 않아요. 내가 그를 찾으러 가겠어요." 그리고 그녀는 전화를 끊었다.

나는 사무실에 앉아 완전히 무력감을 느꼈다. 나는 평생 무신론자였음에도 불구하고 간절히 기도했다.

앤은 그를 찾아냈다. 어떤 이유에서인지 그녀는 그의 조깅 경로로 알고 있는 버려진 기차역으로 차를 몰고 가서 내린 후 건물 뒤로 걸어갔다. 그녀는 적시에 그에게 도착했다. 칩은 피로 물든 웅덩이에 누워 있었고 손목은 심하게 베어져 있었다.

\*\*\*

작년에 칩과 앤은 나를 보러 와서 딸의 자녀 사진을 자랑스럽게 보여주었다. 칩은 9년 동안 단주했고 이제 은퇴했다. 앤도 은퇴를 생각하고 있다. 그들은 함께 여행을 가는 것을 계획하고 있다.

"우리 부부가 여태껏 같이 산 것은 다 선생님 잘못인 거 알잖아요." 앤이 나를 놀렸다.

"그렇진 않죠. 두 분은 축구 관람석에서 첫 데이트 이후 서로 떨어질 수가 없었던 거죠."

"선생님께서 그 이야기를 기억하고 있을 줄은 몰랐어요." 칩이 말했다.

"솔직히 인정합시다. 두 분은 잊히지 않는 분들이에요. 저도 노력했어요."

우리 셋은 함께 웃었다. 그 부부와의 여정은 기적이었고, 그 일부로 동참하게 되어 참으로 감사했다.

***

칩과 앤 부부와의 상담 과정을 되돌아보건대 눈부신 개입 방법이나 전략이 있던 것은 아니다. 오히려 나는 자주 무력하고 절망적으로 갇혀 있다고 느꼈고, 그럴 때 내가 할 수 있는 것은 그저 끈질기게 상담 세션에 나타나는 것뿐이었다. 그러나 내가 그들의 삶에 변화를 가져왔다는 것을 안다.

대부분의 우리에게 상담사가 되는 것은 소명이었다. 대학원에 들어가기 오래전부터 아마 우리 중 많은 이들이 다른 사람을 돌보는 데서 유능감과 목적의식을 찾았을 것이다. 이것은 우리가 사람들과 안전하게 연결되는 방법이기도 했다.

상담사라는 자리에서 우리는 타인과 동등하게 노출하거나 취약해질 필요 없이, 깊고 친밀한 연결감을 경험한다. 상담은 우리가 전문적인 관계와 조건이라는 경계 내에서만 정서적으로 완전히 현존할 수 있게 해주는, 일종의 친밀감 모조품이 될 가능성이 있다. 나는 현명하고 사랑이 많은 상담사가 되는 것이 남편, 아버지, 친구가 되는 것보다 훨씬 쉬움을 경험했다. 수년 동안 내 정서적 필요는 이런 상담사로서의 안전한 자리에서 자주 더 쉽게 충족되었다. 내담자의 고통과 연결되어 보살펴 주면서 나의 애도를 대리 작업하기도 했다. 나의 가족에게는 종종 남은 음식만 주면서 내담자에게는 최고의 모습을 보여주었다.

우리는 상담 일과 보살핌, 애정이 우리 자신이 아닌 내담자를 위해 이루어지도록 할 중대한 책임이 있다. 우리의 연약함은 우리가 내담자와 깊이 연결될 수 있게 해 주지만 손상된 판단력으로 잠재적인 해를 끼치게 할 수도 있다. 상담 경력 전반에 걸쳐 자신의 정서적 이슈를 충분히 그리고 반복적으로 탐색하고 해결하는 것은 필수적이다.

지속적인 지지와 슈퍼비전을 받으며 상담을 수행하는 것은 상당히 중요하다. 우리는 명백한 과학을 실천하는 것이 아니다. 우리는 신비한 예술을 실천하는 사람이다. 실수하고, 간과하고, 막히는 경우가 있게 마련이고, 그럴 때 우리는 동료나 슈퍼바이저와 함께 사례를 검토해야 한다.

이렇게 말하는 나조차도 문제에 봉착하면 당혹스러움과 자만으로 이 현명한 조언을 따르지 않을 때가 몇 번 있었다. 결국 나의 오만 때문에 실수를 저질렀고 일부 내담자에게 해를 끼친 적도 있다. 우리는 내담자에게 삶이라는 어려운 산을 오르는 데 도움을 요청하길 강조하지만 아이러니하게도 우리 자신은 혼자서 상담이라는 어려운 등반을 할 수 있어야 한다고 생각할 때가 있다. 그러한 생각은 우리와 내담자 모두에게 안전하지 않다.

치유자가 되는 과정 중 하나는 우리가 넓은 세상에 대해 배워가는 것을, 우리의 소소한 삶과 연결 짓기 위한 실천을 매일 하는 것이다. 이러한 관점은 우리가 내담자의 고통에 반응하고 그들의 삶에 강력한 영향을 미치는 위험을 감수하는 동안 겸손을 유지하게 해준다.

***

## 영성의 역할

 많은 상담사가 이성적 사고와 영적인 열망을 어떻게 조화시킬지 고민한다. 몇 년 전, 내 동료가 신에 대한 복잡한 질문을 우회하고, 핵심에 도달할 수 있는 공통분모적 설명을 제시했다. 나와 동료는 '영성과 익명의 알코올중독자회'라는 주제로 대학원생들에게 강연하고 있었다. 유능한 사회복지사이자 오랜 익명의 알코올중독자회 회원인 내 동료는 번뜩이는 눈빛과 강하고 직설적인 화법을 사용하고 있었다.

 "내가 알코올 중독자였을 때, 나는 무신론자였기에 신이고 나발이고 믿지 않았습니다! 지금 단주한 지 15년 차이고, 여전히 신 따위를 믿지 않습니다!"

 청중은 놀라서 얼어붙었고, 내 동료는 그들을 뚫어지게 응시하며 말을 이었다.

 "그러나 당신의 삶에서 신이 베푸는 치유의 힘을 경험하기 위해 반드시 알아야 할 한 가지는 이겁니다."

 그녀는 말을 멈췄다. 핀이 떨어지는 소리마저 들릴 지경이었다.

 "당신이 신에 대해 알아야 할 것은, '당신이 신이 아니다'라는 것입니다!"

 나는 위험하고, 자살을 시도하고, 통제가 불가능한 내담자를 만나러 상담실로 들어갈 때마다 자신에게 몇 번이고 되뇌었다. "명심해, 데이비드, 넌 신이 아니야." 그런 다음 칩과 앤을 위해 그랬던 것처럼 신에게 도움을 요청했다. 내가 기도할 때 신께서 저쪽 편에서 듣고 계실지는 모르겠지만 기도가 나에게 유익하다는 것은 안다. 기도는 나와 우주가 올바른 관계에 있게 하며, 내가 얼마나 작은 존재 인지 상기 시켜주며, 나의 팽창된 책임감과 과장된 자기 중요성을 깨뜨려 준다. 모든 게 나에 관한 것도, 나에게 달려 있는 것도 아니다

***

우리가 할 일은 최선을 다하는 것이다. 우리의 노력이 상담을 유익하게 하고, 해를 끼치지 않을 것을 보장할 수는 없음에도 불구하고 말이다.

내 책상 위에는 유대인의 하프가 있다. 남편이 외도했던 내담자인, 엘레나가 나에게 준 것이다. 그녀는 격동적인 이혼과 깊은 슬픔을 경험했다. 우리의 상담은 잘 진행되었고, 그녀는 종결하면서 내게 그 하프를 선물했다. 종결한 지 9개월, 그녀는 정비차 상담이라면서 다시 왔다. 그녀는 잘 지내고 있는 것처럼 보였고, 나는 그녀가 이룩한 진전을 높이 지지하고 인정해 주었다. 2주 후 엘레나는 자살했다.

뭔가 단서가 있었을 텐데 볼 수 없었다.

나는 그 유대인의 하프를 내 앞에 두어 그녀를 절대로 잊지 않을 것이고, 내 앞에 앉아 있는 내담자들에게 주의를 온전히 기울이라는 경고 장치로 사용할 것이다. 엘레나의 선택에 변화를 줄 만한 나의 어떤 말이나 행동이 있었을지 알 수 없다. 이게 우리가 매일 감수하는 위험이다.

내가 아는 것은 이 하나이다.

우리의 도전은 그럼에도 감히 마음을 다해 사랑하는 것이다.

그리고 우리가 그렇게 할 때,

때때로,

은총이 일어난다!

# 에필로그

나의 가족은 Look 매거진 1949년 추수감사절 커버 사진의 행복한 미국 가족의 모델로 실렸다. 우리는 항상 행복하고 멋져 보였다. 그러나 이 역주: 앵글로색슨계 백인 신교도. 미국 사회의 가장 영향력 있는 계층에 속하는 것으로 여겨짐.

뉴잉글랜드 양키·와스피 가족이 눈썹을 치켜올리고, 머리를 살짝 기울이고, 입술을 오므리고, 어깨를 축 늘어뜨린 모습은 분노와 눈물을 감추는 언어였다. 그리고 겉으로 너무나 예의 바르고 명랑해 보인 우리에게 어떤 일이 닥칠지 누구도 짐작할 수 없었다. 어머니는 자살했고, 아버지와 누나는 정신 질환을 앓았으며, 형은 평생 중독에 시달렸고, 남동생도 중독으로 어려움이 많았지만, 현재는 다행히 회복 중이다. 그리고 당연하게도, 우리 중 한 명은 이렇게 상담사가 되었다.

나는 대략 열여섯 살 여름부터 상담사 일을 시작했다. 당시 부모님과만 살고 있었는데, 어머니는 우울증을 앓았고 약물을 과다복용했으며, 일과의 대부분을 술에 취해 침대에 누워서 보냈다. 아버지와 나는 저녁을 먹으러 자주 외출했다. 나는 그들의 부부상담사였다. 아버지와 저녁 식사를 하면서 어머니에 대해 걱정하는 이야기를 듣고 친절한 말을 해주려고 노력했다.

아버지와 나는 아침에 어머니의 침대 앞에서 지팡이를 들고 옛날 보드빌 노래를 부르며 춤을 추며 어머니를 기분 좋게 하려고 노력했다. 때때로 어머니는 우리에게 미소를 지어 주었다.

한번은 어머니를 직접적으로 도와주려고 말했다. "엄마, 침대에만 종일 누워 있는 것은 정말 힘들 것 같아요."

"네 일이나 잘해라, 데이비드." 어머니는 나에게 화를 냈다.

어머니에게 뺨을 한 대 맞은 것 같았다. 부모를 돌보려고 애쓰는 것이 건강하지도 좋지도 않은 거라고 말하려는 의도였음을 이해하는 데 수십 년이 걸렸다. 그렇다. 그건 내 일이 아니었다.

***

나는 일종의 셋째 아들인 할(Hal) 왕자[6] 유형이었다. 파티를 많이 하고 여자들을 쫓아다니는 미성숙한 야생 소년의 삶이 나의 주된 일과였다. 하지만 어머니가 자살하고, 아버지와 누나가 정신병원에 입원하고, 형이 술을 마시기 시작하면서 플로리다에 은둔하자, 나는 갑자기 가장이 되었다.

필라델피아에서 대학교를 다니고, 주말에는 보스턴의 맥린병원에 있는 아버지를 만났고, 필라델피아로 되돌아가는 길에는 여동생이 자살을 시도한 후에 입원해 있는 뉴욕의 콜롬비아장로병원에 들렀다.

내 생애 처음으로 내가 누구인지와, 내가 하고 있는 일에 대해 정말 좋은 느낌을 받았다. 내가 중요한 사람이 된 것 같았다. 힘이 나고 성장한 느낌이 들었지만, 동시에 전혀 고통이 느껴지지 않는다는 사실에 놀라움과 죄책감이 들었다.

***

어머니가 돌아가신 직후 나는 케이트와 사랑에 빠졌다. 우리는 1년 동안

---

6   역주: 셰익스피어 작품 '헨리 5세'라는 연극에서, 영국의 헨리 5세에 오르는 할(Hal) 왕자는 젊은 시절 도박, 술, 여자, 일탈을 즐기며 방탕하게 지냈음.

서로에게 이성적인 매력을 느껴오고 있었지만, 그녀가 열다섯 살 때 아버지가 돌아가셨다고 말했을 때가 가장 깊이 연결된 순간이었다. 그녀가 안타까웠고 마음이 계속 갔다.

나는 케이티의 심정을 이해했고 그녀도 그것을 느꼈다.

테이블 건너편으로 손을 뻗어 그녀의 손을 잡았다. 그녀는 눈물을 흘렸고, 놀랍게도 나도 눈물을 흘리고 있었다. 우리 둘 다 부모를 잃었다. 우리는 마치 목숨을 붙들 듯이 서로의 손을 꼭 잡았다. 당연히 케이트는 우리의 유대감이 같은 상실감을 공유하는 것에서 비롯되었다고 생각했다. 하지만 아니다. 울고 있는 그녀를 품에 안고 있을 때, 나는 그녀와 그리고 아버지를 잃은 그녀와 연결되고 있었다. 슬프게도 나의 어머니가 돌아가셨을 때나 살아 계셨을 때도 어머니에 대해 그런 감정을 느껴본 적이 없었다.

대학생임에도 불구하고 우리는 결혼했다. 어떤 친구는 우리가 1년도 버틸 수 없을 것이라고 장담했다. 우리는 첫 10년 동안 자기 자신과 서로를 발전시키려고 노력했다. 분명히 우리는 서로 사랑했고 그녀의 슬픔을 중심으로 깊은 유대감을 형성했지만, 또한 미성숙했고 나는 정서적으로 얼어서 폐쇄되어 있었다. 우리는 부부상담을 시작했고, 6개월간 치료적 별거를 했다. 우리가 정서적으로 더 건강하고 덜 얽매여 있었다면, 이때 이혼했을 수도 있다. 그러나 우리는 버텨냈고, 결국 우리의 결혼 생활을 경이롭고 사랑 가득한 관계로 꽃피워 냈다.

1년 전 우리는 결혼 50주년을 맞이했다.

***

나는 상담사가 되었다. 나는 내담자의 고통에 공감하고, 그들을 위해 곁에 있는 것을 좋아했다. 내가 그들의 삶에서 중요한 존재라는 느낌을 좋아했다. 그들의 고통과 연결되는 것은 나 자신과 연결되는 느낌을 찾는 데 도움이 되었다. 상담사라는 의자에서 안전하게 나는 그들의 눈물을 빌릴 수 있었다.

나의 애도를 위해 내담자가 필요하지 않고, 나를 위해 작업을 하고, 스스로 눈물을 흘리기까지 수십 년이 걸렸다.

나는 상담사들을 위한 워크숍을 할 때, 청중에게 어린 시절의 경험과 트라우마를 통해 상담사라는 소명을 인식한 사람이 얼마나 있는지 자주 묻는다. 대개 청중의 80%가 손을 든다.

맞다. 우리는 형제자매들이 속마음을 털어놓는 어린 상담사였다. 우리는 동생들을 보살폈다. 아버지가 먼저 돌아가셨을 때 우리는 엄마를 위로했다. 우리는 평화를 만드는 사람들이었다. 우리는 그 일을 잘했다. 그리고 우리도 상한 마음이 있었다. 우리 자신을 돌봐야 하는 방식으로 다른 사람을 돌보았다.

우리 중 누구도 유명해지거나 돈을 벌기 위해 이 길을 가게 된 사람은 없다. 우리 자신의 치유로 가는 길이기 때문에 우리는 더 많이 노력하고 내담자를 사랑하기 위해 과감하게 노력한다.

때로는 우리 자신의 정서적 욕구가 효과적인 상담 과정을 방해하기도 한다. 나의 경우에는 동반의존성이 헌신과 이해를 과잉기능으로 변질시키고, 내담자를 의존하게 할 수도 있다는 것을 인지하고 있다. 나는 자기 치유를 위해 열심히 노력해 왔다.

우리 대부분은 자신의 회복 여정을 위해 정말 열심히 노력한다. 우리는 단순히 상처받은 치유자가 아니다. 자신을 천천히 자신을 치유하면서 생기는 빛과 사랑을 함께 일할 수 있는 특권을 주는 내담자들에게 준다. 이것은 '치유를 되갚는 것'이다.

***

한겨울이다. 태양은 벌거벗은 나무들의 새까만 가지 뒤에 창백한 작은 원반으로 떠오르고 있다. 내 책이 완성되었다. 기쁘기도 하고 슬프기도 하다. 더 많이 쓰고, 더 잘 표현할 수도 있었다는 아쉬움이 든다. 이 책이 모든 사람에게 적합한 게 아닐 수도 있다. 이 책은 나에게 찾아오는 사람들을 돕기 위해 내가 어떻게 노력했는지에 대한 이야기다. 이 책이 당신에게 도움이 되기를 바란다.

***

사랑하는 엄마,
당신이 돌아가신 지 52년이 되었어요. 아직도 당신과 이야기하고 싶은 마음이 있다는 게 이상해요. 하지만 그래요.
나는 방금 내 평생의 일에 관한 책을 완성했어요. 나는 부부들을 돕기 위해 일생을 보냈고, 꽤 잘했어요. 당신이 나를 자랑스러워할 것 같아요.
하지만 그건 별로 중요하지 않아요. 내가 당신과 아빠를 도와줄 수 있었다면 좋았을 거예요.

# 부록

활동 과제 / 유인물

## 공식적인 말하기/듣기 활동

한 사람이 15분 동안 하고 싶은 이야기를 한다. 일 이 분마다 청자 역할을 하는 배우자는 화자 역할의 배우자가 말하는 내용에 자신의 판단이나 반박, 기타 논평, 심지어 긍정적인 논평도 일절 덧붙이지 말고, 가능한 한 정확하게 반영하여 말한다. 청자는 이야기를 듣는 동안 생길 수 있는 반발감을 가능한 한 통제한다. 화자는 청자가 요점을 놓치고 있다고 느끼면 청자를 바로잡을 수 있다.

일주일에 최소 24시간의 간격을 두고 15분씩 두 번을 연습해야 한다. 말하기/듣기 활동할 때가 아니라면 화자가 말한 내용을 언급하지 않는다.

이러한 의사소통 연습은 의사결정이나 문제 해결 기술이 아니다. 단순하게 서로 어렵고 취약한 감정을 안전한 방식으로 논의할 수 있도록 고안된 것이다. 이 활동의 중요성을 그 순간에 배우자에게 더 가깝다고 느꼈는지로 판단하지 말아야 한다. 보통 그렇지 않을 것이다.

## 대화형 말하기/듣기

한 사람이 3~5분 동안 이야기하고 다른 사람은 적극적으로 경청한 다음, 역할을 바꾸어 두 번째 화자인 배우자는 무엇이든 자유롭게 말할 수 있다. 두 번째 화자는 첫 번째 화자가 말했던 것에 대해 대답하거나 완전히 다른 주제로 시작할 수 있다. 의사소통은 누구의 의제로 대화하는지에 대해 은밀하게 경쟁하는 미묘한 권력 투쟁인 면도 있다. 자신의 시간을 원하는 주제로 사용할 수 있도록 함으로써 대화의 자유로움을 더한다. 보통 각자 세 차례씩 하기로 동의한다. 18분의 주고받음이 끝나면 적어도 24시간 동안 그 대화를 계속하지 않는다.

## 타임아웃 규칙

극렬한 갈등이 상처를 주고 있고, 일촉즉발의 불안이 있고, 잠재적으로 통제 불능의 상황이 벌어질 것이라고 느껴지면, 부부 중 한 사람은 대화를 즉시 중단하는 타임아웃을 요청할 수 있다. 부부가 잠시 철수하여 휴식을 갖는다.

최소 12시간 이내에 타임아웃을 받은 사람은 배우자에게 돌아와서 감사를 표하고, 배우자가 생각을 마무리하여 말할 수 있는 5분의 시간을 제공하고 자신은 적극적으로 경청한다.

그리고 그 갈등 주제는 다음 '공식적인 말하기/듣기'를 수행하는 시간이 올 때까지 거론하지 않는다. 그 주제가 시급히 해결해야 하는 협상일 경우, 해결 방법을 찾기 위해 '대화형 말하기/듣기' 형식의 추가 18분을 요청할 수 있다.

감정이 너무 격해지기 전에 미리 타임아웃을 갖도록 하라.

## 부드러운 사랑의 보살핌

  우리 모두 보살핌을 받아야 하고 때때로 관계에서 자신이 특별하다고 느낄 수 있어야 한다. 너무 자주 우리의 존재와 노력은 인정받지 못하고 당연하게 여겨진다. 아래의 '선물하기' 활동은 부부가 매주 약간의 시간을 내어 배우자에게 부드러운 사랑의 보살핌을 제공하는 방법이다.

  (1) 각 배우자는 자신이 받고 싶은 특별한 선물을 제안하고 그것을 받을 수 있는 시간을 논의한다.

  (2) 선물은 침대에서 아침 식사 대접하기, 등 마사지, 특정 집안일, 특정 호의 등과 같이 행동적이고 시간제한이 있는 것이어야 한다.

  (3) 둘 중 누구도 선물을 주거나 받을 '기분'이어야 하는 것은 없다. 최선을 다해 주고받는 연습을 한다.

  (4) 주는 사람은 감사받을 것을 기대하지 않고 주고, 받는 사람은 주는 사람의 기분이 괜찮은지 확인하지 않는다.

  (5) 이 활동을 성적인 선물로 적용하기 전에 충분히 연습한다. 그리고 "'Yes'로 가는 길은 'No'의 마을에서 시작된다"는 것을 기억해라.

## 의사결정 프로토콜

  1) 결정해야 할 주제를 선택한다. 주제는 내용의 심각도에 따라 오늘 밤에 집에 있을 것인지 외출할 것인지와 같은 작은 문제부터 여름 방학이나 휴일을 어떻게 보낼 것인지와 같은 중간 수준의 문제, 자녀를 갖는 것, 이직 또는 집 구매와 같은 큰 문제까지 다양할 수 있다. 나는 보통 부부가 아주 작은 문제부터 먼저 연습하도록 권장한다.

  2) 배우자가 원할 수 있는 것을 제쳐놓고 자신의 필요와 욕구를 먼저 생각하게 한다. 나는 이것을 '처음엔 이기적으로 생각하기'라고 부른다. 일반적으로 부부 중 한 사람은 자신의 필요를 명시하지 않고 합리적인 타협처럼 보이는 것을 제시하는 경향이 있다. 이런 경우에 이미 타협안으로 시작했기 때문에 더 타협하는 것은 공정하지 않다고 느끼고 협상을 계속 진행하기 어렵다.

  3) 자신이 바라는 것을 말하기/듣기 형식으로 이유와 함께 표현한다. 배우자는 적극적으로 경청한 다음 상대의 요구사항과 이유를 반영하여 말한다. 화자였던 배우자에게 대답하거나 반박하는 것은 자제한다.

  두 사람의 바람이 초반에 얼마나 차이 나는지는 중요하지 않다. 타협이 이루어졌을 때 각자의 요구가 얼마나 반영되었는지 볼 수 있도록 본래의 요구사항을 완전히 보여주는 것이 매우 중요하다.

  4) 짧은 시간 동안(사소한 이슈이고 불과 몇 분일지라도) 떨어져서 배우자가 제안한 내용에 대해 숙고한다. 두 입장에 대한 공정한 타협안이 될 만한 것을 각자 도출한다.

5) 그런 다음 다시 만나 각자가 만든 타협안을 소개한다. 그 두 가지 안을 두 사람 모두에게 적합한 하이브리드 타협안으로 발전시킬 수 있는지 확인한다.

6) 어떤 타협안이든 한편으로 기울어져 있는 것이 보통이기에 이 지점에서 정체되는 일이 많다. 누가 양보할지 정할 수 없다면 잠시 멈추고 자신의 방식대로 타협하는 것이 얼마나 중요한지 0~10점 척도로 평가한다. 척도 평가는 보통 한 배우자가 다른 배우자보다 그 주제에 대해 훨씬 더 많이 신경 쓰고 있음을 보여준다. 다른 배우자가 더 수월하고 관대하게 허용하는 공을 인정받게 한다. 예를 들어, 마니가 자신의 방식대로 하는데 9점의 중요도를 보여주었고, 해리가 5점의 중요도를 보여주었다면, 해리가 마니에게 '선물하기'를 할 수 있는지 대한 논의의 여지가 생긴다. 마니는 선물 받는 느낌을 받게 되고 해리는 이에 대한 마니의 감사를 받을 수 있다. 대체로 한 사람이 자신의 타협안대로 하는 것을 더 중요하게 생각한다. 이 점을 선물 주고받기로 사용하는 것이 척도 평가의 핵심이다.

7) 몇 가지 명백한 타협 방식이 있다. 확실히 선물하기는 부부의 문제 해결에 매우 효과적이다. 선물하기는 승패나 옳고 그름의 논쟁을 기반으로 하지 않고, 관대함과 감사를 바탕으로 한다. 부부 모두가 똑같이 강하게 중요하다고 느낄 때 '호의 주고받기'나 '타협안 번갈아 시행하기'를 할 수 있다. 한 명이 특정 주제에 대해 양보하고 동등한 수준의 다른 주제에 대해서는 배우자가 양보하는 것이다. 예를 들면, 다음 토요일 밤에 외출하는 것에 동의하는 전제로 이번 토요일 밤에는 집에서 휴식하는 것이다.

## 성공적인 장기적 관계를 위한 10가지 핵심 요소

1) 균형 있고 합리적이며 공유된 기대

2) 해결되지 않은 갈등에도 불구하고 친밀하게 지낼 수 있는 것

3) 화해하고 용서하는 능력

4) 관계의 업무적 면과 친밀한 면을 분리하기

5) 교대로 하기

6) 열심히 일하기

7) 에덴동산(강렬한 낭만적 사랑의 시기) 상실을 함께 애도하기

8) 차이점을 축하하기

9) 공감의 연결다리를 갖기

10) 재미있는 분위기를 유지하기

## 왜 많은 부부들이 만족스러운 성생활을 유지하기 어려운가?

1) 60-70년대에 일어난 페미니스트 성 혁명의 복잡한 영향

낭만적이며 둘 다 만족할 수 있는 섹스에 대한 오늘날 부부의 기대는 하늘처럼 높다. 여성도 성적 만족을 누릴 수 있다는 권리의식이 생김에 따라 육체적으로 더 나은 사랑꾼이 되려는 압박감을 부부 양쪽이 모두 느낀다. 낭만과 친밀감으로 가득한 섹스에 대해 한없이 높아진 기대가 남녀 모두에게 불안을 만들어 낸다.

2) 섹스로 포화한 문화

TV, 영화, 광고, 잡지 등의 미디어만 보아도 우리 문화는 성적으로 상당히 자극적인 이미지로 넘쳐난다. 슈퍼마켓에서 코스모폴리탄지를 집고 열어보면 당신을 달로 보낼만한 수백 개의 테크닉이 있다. 또한, 포르노그래피는 온라인에서 가장 많은 조회수를 기록하는 동영상물이다. 이런 자료에서 묘사된 섹스에는 포토샵으로 보정된 완벽하게 아름답고 몸짱인 남녀 모델들이 출연한다. 이에 일반인들은 '나는 충분히 매력적인가?'라고 자문하며 겁이 난다. 자신을 제외한 모든 사람이 굉장한 섹스를 하며 살고 있는 것 같지만, 실제로는 하지 않는 부부가 더 많다.

3) 성욕의 정상적인 차이와 타협

남녀가 사랑에 빠졌을 때는 서로를 기쁘게 하기 위해 혈안이기 때문에 둘 사이에 성적인 부조화가 있다는 것을 인지하지 못하고 무난하게 성관계를

시작한다. 그러나 안정기로 접어들면 일상의 책임이 우선순위가 된다. 이 시기에 남녀 사이의 정상적인 성욕 차이가 드러나며 긴장감이 생성된다. 서로 성관계와 관련한 주제를 잘 타협해 가는 것은 중요한 과제이다. 부부는 보통 일정을 잡거나 리스크가 적은 다음과 같은 대화를 시도한다.

"할까? 아님 나중에?"

"내가 얼마나 힘든 하루를 보냈는지 알면서 농담하는 거지?"

이런 대화를 주고받는 것이 그다지 낭만적이지 않더라도 서로의 감정이 많이 상하지 않도록 해준다. 30년을 함께 침대를 쓴 사람보다 바에서 처음 만난 사람과 로맨틱한 대화를 하는 게 더 수월할지도 모르겠다. 긍정적인 방식으로 단호하게 배우자의 성관계 시도를 거절하는 것은 쉽지 않다.

### 4) 모든 길이 로마로 통하는 것은 아니다

모든 사람은 그들만의 성적인 흥분과 성적인 친밀감 형성하는 방법을 갖고 있다. 전통적으로 여성들은 섹스하기 이전에 친밀감 형성이 먼저 이루어져야 하고, 남성들은 섹스를 통해서 친밀감을 형성한다는 믿음이 있었다. 그러나 이렇게 성별을 기준으로 삼는 성에 대한 고정관념들은 사라지고 있고, 대신 남녀의 성욕과 섹스 빈도에 대한 다양한 태도가 관찰된다. 요즘엔 남성보다 여성이 더 높은 빈도의 섹스를 원하는 경우가 흔하며, 이럴 때는 남녀 모두 더 많은 고충을 겪는다. 섹스를 자주 하길 원하는 배우자는 요청하고 거절당하는 고통이 있고, 섹스를 덜 하기를 원하는 배우자는 늘 거절하는 입장에서 좋은 배우자로 남기 위한 다른 여러 노력을 해야 하는 압박을 안고 있다. 이러한 요청하기와 거절하기 역할이 전통적인 성역할 기대와 다를 때는 더욱 고통스럽다. 남편보다 아내가 섹스를 더 원할 때 그녀는 자신이 남편에게 사랑스럽지 않다는 생각을 하며 괴로워한다. 성관계를 회피하는 남성은 남자답지 못하고 부족하다고 느끼며 불안하다.

5) 불만족스러운 성 경험

성적인 강렬함과 만족감은 서로에게 익숙해지면서 낮아지는 게 현실이다. 조기사정이나 오르가슴 장애, 발기부전, 성욕 부족 등은 실망스러운 성 경험의 악순환으로 이어져서 섹스를 쾌락보다는 의무로 대하게 만든다.

6) 일상의 긴장

부부 갈등과 스트레스, 육아와 직장은 로맨틱한 감정을 가질 시간과 기회를 줄인다. 남편이 어린이집에서 세 살배기 자녀를 한 시간 늦게 픽업했을 때 아내가 남편을 섹시하게 느끼기는 쉽지 않다. 부부는 어려운 일과들을 제치고 모험과 흥분이 가득한 에로틱한 판타지로 들어가 섹스를 즐겨보려고 시도하기도 한다. 성적인 각성을 일으키려는 이러한 시도는 그럴듯하지만, 정서적으로 서로 깊게 연결되지 않은 상태라 친밀감이나 만족감을 느끼기 어렵고, 자위처럼 허무하게 끝난다.

7) 자위와 포르노

이제는 손가락 하나만 움직이면 어떠한 성적인 이미지든 컴퓨터나 휴대전화를 통해 볼 수 있기에 자극과 기분 전환을 위한 수단으로 항상 손쉽게 접근한다. 점점 더 남성과 여성은 2인 섹스에 수반되는 모든 인간적 복잡성, 협상, 도전을 감수하며 파트너에게로 향하기보다 성욕을 쉽고 효율적으로 충족시켜 주는 음란물과 섹스 토이에 눈을 돌리고 있다.

## 예술과 코미디, 성적 친밀감의 마법과 좌절

### 대화 활동

(1) 내 거 말하기/네 거 말하기

부부는 상담 세션 동안이나 집에서 자신의 성역할에 대한 초기 경험(긍정적 부정적 경험 둘 다), 성에 대한 원가족의 태도, 사춘기, 최초 성적 감정, 로맨스 감정, 사랑과 섹스에 대한 청소년기의 실험 이야기를 공유한다.

(2) 사랑의 손가락/아프고 화난 감정들

이 활동은 내가 보통 상담 세션에서 한다. 부부가 서로 번갈아 가며 진행하는데, 눈을 감고 부드러운 목 마사지를 받는 동시에 저항, 공포, 상처, 분노 등 다양한 감정을 경험하게 한다. 이 기술은 그들이 서로를 만지고 더 가까워지는 동안 양가적이고 부정적인 감정을 가질 수 있음을 받아들이도록 도와준다.

(3) 취침 독서

부부는 성적 경험과 실험에 대한 훨씬 더 큰 감각을 제공할 수 있는 성적 친밀감에 관한 책을 읽는다. 부부는 성애물을 함께 읽거나 보기로 선택할 수도 있다. 이것은 부부가 성생활 영역에서 자신이 좋아하는 것과 싫어하는 것을 공유하기 시작하는 데 도움이 된다.

### (4) 시작하고, 멈추고 이야기하고, 다시 시작하기

부부는 애무와 키스를 시작하고, 잠시 멈추고 감정을 나눈 다음, 다시 시작한다. 이것은 부부가 성관계를 시작하는 동안 정서적으로 서로 연결되고 개방된 상태를 유지하는 데 도움이 된다.

### (5) 에덴동산 상실을 애도하기

거의 모든 부부가 관계의 '낭만' 단계에서 '생활' 단계로 전환하는 데 약간의 어려움이 있다. 일반적으로 그러한 감정을 혼자 처리한다. 이 활동을 통해 부부는 '사랑에 빠진' 감정의 상실에 대해 함께 이야기하고 애도하는 법을 배운다. 이는, 부부가 서로에게 매우 부드럽고 친밀해지게 한다.

### (6) 연애편지

자신이 가장 좋아하는 성적 또는 낭만적인 기억, 에로틱한 환상에 대해 서로에게 편지를 쓴다. 이것은 부부가 오래된 성적 불꽃을 되살리거나 은밀한 에로틱한 환상을 더 친밀하게 공유하도록 도와준다.

### (7) 스위시(Swish)

그들의 관계 또는 어린 시절로부터 축적되어 온 혐오 감정을, 부정적인 이미지를 긍정적인 이미지로 대체하는 이 신경 언어 프로그래밍(NLP) 기술을 사용하여 분산시킨다.

## 신체 활동

(1) 신호등

부부는 성관계를 시도하지 않는 요일(빨간불), 성관계가 가능한 날(노란불), 성관계가 약속인 날(파란불)을 계획하는 방법을 배운다. 많은 부부에게 섹스에 대한 압박이나 질문이 없는 하루를 보내는 것은 큰 안도감을 준다.

(2) 부드러운 사랑의 보살핌

부부는 합의된 성행위를 선물처럼 교대로 주고받는다. 많은 부부가 둘 다 흥분하여 오르가슴을 느끼는 것이 최선이라고 믿으며 상호 호혜적 성관계에 대한 압박감이 상당하다. 편안하게 성적인 호의를 주거나 받으면서 부부가 부담에서 벗어나는 법을 배운다.

(3) 유혹/거부 게임

부부는 가볍고 장난스럽고 안전한 방식으로 성적으로 다가가고 거절하는 방법을 배운다. 부부 중 한 사람은 추파를 던지는 임무를 맡고 다른 한 사람은 "고맙지만 안돼"라고 말하는 다정하고 경쾌한 방법을 찾아야 한다.

(4) 수영 레슨

부부는 관능적이고 에로틱한 마사지를 주고받는 활동을 할 뿐만 아니라 이에 대한 건설적인 피드백을 주고받는 법도 배운다. 이것은 본질적으로 마스터스와 존슨이 개발한 일종의 감각 집중 작업이며 성 치료의 중요한 부분이다. 나는 '수영 레슨'이라는 용어를 사용하여 이러한 기술 구축 활동이, 시작하는 시점에서 반드시 친밀하거나 재미있거나 에로틱할 필요가 없다는 것을 전달하고자 한다. 사람들이 수영 수업을 싫어하지만 수영을 할 수 있기를 원하는 것과 비슷하다.

(5) 소소하게 야한 순간

부부는 엘리베이터, 자동차 또는 주방과 같이 성관계 압박 가능성이 없는 장소에서 애무 행동을 실험한다. 애무 시간이 3분을 넘지 않도록 권장한다. 부부가 흥분해서 오르가슴을 느껴야 한다는 압박에서 해방하는 부담 완화제 활동이다.

(6) 수음

부부는 자신의 자위 습관을 실험해 보고 이에 대한 자신의 감정을 탐색하도록 안내받는다. 부부 각각은 수음이 자기 사랑의 더 큰 표현이 될 수 있고 잠재적으로 더 큰 만족감을 느낄 수 있음을 발견할 수 있다. 그것은 먼저 자기와 자신의 성에 대해 더 친밀한 감정을 발달시킬 수 있다.

(7) 보통 수준의 예술

이 활동은 부부가 성관계에서의 성취 압박을 완화하기 위해 낮은 기대치를 설정하는 데 도움이 된다. "흠, 이 정도면 충분해" 섹스는 장기적인 관계에서 깊이 연결된 친밀한 성관계만큼 중요하다.

## 용서와 화해, 보상의 프로토콜

1) 부부의 각 구성원은 자신이 관계에서 느끼는 상처, 버림, 배신, 실망을 이야기하는 데 필요한 만큼의 시간을 가지며, 상대 배우자와 상담사는 높은 공감을 가진 증인 역할을 한다. 한 사람당 하나 이상의 세션이 필요할 수 있다.

2) 경청한 상대 배우자는 '화해의 편지'를 작성한다. 편지에는 상처를 입힌 것에 대해 온전히 책임을 인정하고 이를 반복하지 않겠다고 보장하는 헌신과 자신이 취할 일종의 보상적인 조치를 협상하겠다는 의지를 제시하는 내용을 포함한다.

3) 화해의 편지를 세션에서 읽은 다음 부부는 몇 가지 보상 조치를 협상한다. 이러한 조치에는 상처받은 배우자에게 "미안해요"라고 말할 뿐만 아니라 행동을 통해 지속해서 사과하는 것을 보여주는 내용을 포함한다. 상처받은 배우자는 용서하기 위해 노력하도록 안내받는데, 이는 상처를 입힌 배우자가 보상 조치를 지속해서 수행하며 충분한 시간이 흘러야만 가능한 느린 과정이다.

4) 이번에는 보상 조치를 한 배우자가 위에서 설명한 과정을 할 차례이다. 자신의 상처를 말하고, 화해의 편지 내용을 듣고, 용서하려고 노력한다.

## 외도 후 용서와 화해, 그리고 보상의 프로토콜

1) 배신당한 배우자는 상대의 불륜으로 인해 어떤 영향을 받았는지 이야기하는 데 필요한 만큼의 시간을 갖는다. 외도한 배우자가 가능한 한 주의하며 방어하지 않고 듣는 동안 그들은 상처받고, 분노하고, 절망적인 감정을 공유할 수 있다. 외도한 배우자는 반박하거나 설명하지 않는다. 설명은 결코 변명이 될 수 없다. 상담사는 외도한 배우자가 동정심을 갖고 자기 행동이 미친 영향에 관심을 갖도록 돕는다. 이 과정은 하나 이상의 세션이 필요할 수 있다.

2) 외도한 배우자는 '화해의 편지'를 작성한다. 편지에는 상처를 입힌 것에 대해 온전히 책임을 인정하고 이를 반복하지 않겠다고 보장하는 헌신과 자신이 취할 일종의 보상적인 조치를 협상하겠다는 의지를 제시하는 내용을 포함한다. 보상적인 조치에는 장기간에 걸쳐 구체적인 행동 조치를 수행하는 것이 포함되는데, 몇 가지 예로는 외도했던 사람을 다시는 만나지 않기로 동의하거나, 1년 동안 술을 끊거나, 만남이 있었던 보트를 없애는 것 등이 있다.

3) 상담 세션에서 화해의 편지를 읽고 보상 조치에 동의한다.

4) 그런 다음 배신당한 배우자와 용서하는 법을 배우는 도전에 대해 논의한다. 배신당한 배우자가 용서를 시작할 준비가 된 경우, 보상 조치를 받아들이고 용서하기 위해 노력한다는 의지를 표현하는 '용서의 편지'를 작성하는 법에 대해 지도받는다. 용서는 의무가 아니다. 시간이 지남에 따라 자라나는 것이다.

## 부부 주말 집중 캠프

주말 캠프의 핵심은 배우자와의 불편함이나 차이점을 좀 더 편안하게 받아들이고, 수치심이나 '해야 한다'라는 압박 없이 자신의 감정을 공유하는 것이다. 또한 비난받는 것으로 느끼지 않으면서 상대의 감정을 경청하는 것이다. 감정에 압도되지 않으면서 감정을 소유하고 공유하는 법을 배운다. 감정을 있는 그대로 말하고, 일정에 있는 다음 활동으로 바로 넘어간다. 좋은 감정을 경험하거나, 배우자와 동일한 감정을 갖는 것이 초점이 아니다. 당신이 어떤 종류의 감정을 느끼던 배우자와 친밀하게 연결되어 있다고 느끼는 법을 배우는 것이다.

캠프는 일반적으로 함께 일정표를 만들고 상담 주제를 설정하기 위해 목요일 늦은 오후에 나와 2시간의 세션을 가지며 시작한다. 그런 다음 금요일 정오에는 나와 2시간의 상담 세션이 있고 토요일 정오에 2시간의 종결 세션이 있다. 이후 3주 동안 일주일에 한 번씩 후속 세션이 있다. 후속 세션은 주말 캠프에서 얻은 것을 일상생활로 성공적으로 전환하는 데 매우 중요한 역할을 한다. 일상으로 돌아가서도 활동을 유지하고 변화를 지속하는 것이 필수적이다.

나와 함께하는 상담 세션을 제외하고 전체 일정은 하루 세 블록(오전, 오후, 저녁)으로 나뉜다. 마지막 날 아침까지 블록의 리더를 교대로 맡으면서 부부는 블록 활동들을 함께 결정한다. 각 블록은 최소한 두 개의 구조화된 활동과 체크인(첫 번째 세션에서 연습했음)이 있다. 활동 외에도 휴식을 위한 충분한 시간이 있다. 모든 일정이 다 활동은 아니다.

그러나 일정 내내 자신과 관계에 집중해야 한다. 캠프 일정 동안 일과 자녀에 대해서는 철저히 다른 곳에 맡겨야 한다. 호텔에 머무르도록 하고 긴급한 상황을 제외하고는 전자기기를 사용하지 않는다.

다음 활동 목록에서 블록당 두 개를 선택한다. 블록의 리더는 활동들을 언제 어떤 순서로 할지 결정하고, 따르는 배우자는 활동이 그들에게 너무 불편할 것 같으면 거절할 수 있어야 한다. 추천하는 활동의 예는 아래와 같다.

1) 메리 올리버의 시 낭독
2) 신뢰의 걸음(눈을 감은 배우자가 10분 동안 자신을 따라 걷도록 하기)
3) 신뢰의 추락(뒤에 서 있는 배우자의 품으로 넘어지기)
4) 얼굴, 손 또는 발 마사지(각 3분씩)
5) 30초 동안 포옹하기
6) 자애의 문구 번갈아 가면서 서로에게 읽어주기
   - 우리가 안전하고 보호받게 하소서
   - 마음의 평안과 안위를 누리게 하소서
   - 사랑과 연민으로 우리 자신을 볼 수 있게 하소서
   - 우리가 평화롭게 하소서
7) 20분 동안 손을 잡고 조용히 걷기
8) 15분 동안 좋아하거나 고통스러운 어린 시절의 기억을 공유하기
9) 15분간 등 마사지
10) 성공적인 장기적 관계를 위한 10가지 핵심 요소 읽기
11) 공식적인 말하기/듣기 활동(최소 한 시간 간격으로)
12) 부드러운 사랑의 보살핌 활동
13) 의사결정 프로토콜
14) 5분 동안 애무하기
15) 사랑의 손가락/아프고 화난 감정들
16) 유혹/거부 게임
17) 대화형 말하기/듣기
18) 어린 시절의 사진과 이야기 공유하기

## 치료적 별거 프로토콜

(1) 같은 집에 살지 다른 집에서 살지

부부가 잠시 완전히 떨어져 있는 것이 가장 좋지만, 자녀가 있거나 재정이 제한적인 경우에는 부부가 같은 집의 별도의 침실에 머무르는 것이 더 효과적이다. 후자는 부부관계 개선에 대한 노력은 내려놓고 좋은 동거인이자 좋은 공동양육자가 되기 위해 협력하는 것을 배우기로 했을 때 가능하다.

(2) 기간

별거 기간을 결정은 까다로운 문제이지만 내 경험으로는 보통 3개월에서 6개월이 가장 효과적이다. 시간이 짧을수록 감정적인 영향이 덜한 편이고 시간이 길수록 각 구성원이 자신의 삶을 찾아 결혼을 포기할 가능성이 커진다. 일반적으로 우리는 지정한 시기에 선택을 재고하기로 약속하며 초기에 기간을 설정한다.

(3) 자녀 공동 양육 및 방문

공동 부모로서 자녀에게 가능한 한 최대로 일관적인 보살핌을 제공하는 것을 우선시해야 한다. 나는 종종 부부가 자녀를 상담에 데려와 그들이 무엇을 하려고 하고 그것이 어떤 과정인지 설명하게 한다. 아이들은 부모들이 협력하여 자신들의 생활을 가능한 한 일관되고 예측 가능하게 해줄 때 가장 잘 적응한다. 별도의 거주 공간에 살기로 했을 때는, 가능한 한 자녀 말고 부모가 이동하는 것이 더 낫다. 아이들은 자기 집에 머무를 때 가장 잘 적응하기 때문이다.

(4) 재정 및 법률 자문

재정에 대해 공개적이고 공정하게 협상하는 것은 매우 중요하다. 나는 또한 별거에 대해 합의한 내용이 앞으로 이혼하게 되었을 때 불리하게 작용하지 않도록 법률 자문을 미리 받을 것을 권장한다.

(5) 자녀, 가족, 친구에게 말하기

부부가 자신의 결혼과 별거에 대해 지인들과 이야기하는 방식은 종종 상황을 더 악화시킨다. 지인들은 선의의 지지로 편들기를 하지만, 이는 도움이 되지 않는다. 나는 부부가 별거를 긍정적으로 해석하는 합의된 메시지를 제시하도록 권장한다. "우리는 결혼 생활을 위해 노력해 왔어요. 부부관계의 오래되고 어려운 패턴을 깨고 새로운 패턴을 만드는 시간을 갖기 위해 별거하기로 결정했어요. 이것을 통해 우리의 결혼 생활이 새롭게 시작되기를 희망하고 있어요." 실제 상황이 지독하게 심각하더라도 부부관계는 사적인 영역이므로 다른 사람들에게는 많이 개방하지 않는 편이 낫다. 이 권장 사항에 대한 예외는 진정한 속마음을 완전히 공유할 수 있는 한두 명의 친구나 가족이다. 부부는 그러한 자신의 절친한 친구가 누구인지 서로에게 분명히 밝힌다.

(6) 성관계 개방에 대한 선택

부부가 다른 사람들과 성관계를 할지에 대한 규칙을 협상하는 것은 매우 중요하다. 부부들은 혼외 관계의 도입이 너무 위험하다고 느끼기 때문에 배타적 성관계를 계속 유지하는 것과 개방적인 관계를 허용하는 것 사이에서 갈라진다. 어떤 부부에게 성관계 개방은 실질적인 결혼 유대를 깨뜨리는 핵심적인 요소이다. 여기서 요점은 부부가 규칙에 대해 협력하고 이를 존중하는 것이다.

(7) 별거 중 부부상담의 지속

45년 전 아내와 6개월 동안 헤어졌을 때 우리는 부부상담을 지속했고 상담사와 일대일 세션도 가졌다. 상담은 우리가 안전한 연결 상태를 유지하는 데 필수적이었고, 그것이 없었다면 우리의 이야기가 잘 풀리지 않았을 수도 있다. 우리의 성공 경험을 모든 사람에게 일반화시킬 수는 없지만, 치료적 별거를 하는 부부 대부분은 나와 지속적인 상담을 하는 편이다.

(8) 만남

처음에는 서로로부터 가능한 한 충분히 떨어져서 휴식을 취하는 것이 좋다. 효과적인 별거를 위해 부부는 성장을 위해 정말 잘 분리될 필요가 있다. 이 접근 방식은 분명히 아이들의 나이에 영향을 받는다. 어린 자녀가 있는 경우 부부는 떨어져 있는 동안 자녀의 가족 감각을 지켜줄 수 있는 대안이 필요하다. 이를 위해 부부는 떨어져 있음에도 불구하고 일주일에 한 번 부모로서 만나는 가족의 밤을 갖기로 선택할 수 있다.

몇 달 후 부부가 더 많은 만남을 탐색할 준비가 되었다고 느끼면 '데이트 밤'을 시도하거나 상담 초기 단계에는 그다지 성공적이지 않았을 수 있는 의사소통 등의 활동을 할 수 있다.

(9) 화해적인 동거 실험

별거 기간 후 재헌신 할 준비를 바로 하기보다는, 상황이 잘 진행되고 있더라도 재헌신을 하기 전에 화해적 동거 실험을 해보라고 권한다. 결혼 생활을 유지하겠다는 확신을 하기 전에 동거하면서 실질적인 변화와 발전을 경험할 필요가 있다. 그리고 여전히 약간의 의심과 양가감정을 가지고 있어도 된다고 안심시켜 주면, 부담이 줄어 오히려 성공할 수 있는 가능성을 높인다.

# 참고문헌

Bloomgarden, A., & Mennuti, R. B. (Eds.). (2009). Psychotherapist revealed: Therapists speak about self-disclosure in psychotherapy. New York: Routledge.

Doherty, W. J. (2003). Take back your marriage: Sticking together in a world that pulls us apart. New York: Guilford.

Donovan, J. M. (Ed.). (1997). Short-term object relations couples therapy: The five-step model. New York: Guilford.

Dym, B., & Glenn, M. L. (1993). Couples: Exploring and understanding cycles of intimate relationships. New York: HarperCollins.

Gottman, J., & Gottman, J. S. (2007). And baby makes three: The six-step plan for preserving marital intimacy and rekindling romance after baby arrives. New York: Crown.

Gottman, J., Gottman, J. S., Abrams, D., & Abrams, R. C. (2016). A man's guide to women: Scientifically proven secrets from the love lab about what women really want. New York: Rodale.

Gottman, J., Gottman, J. S., Abrams, D., & Abrams, R. C. (2019). Eight dates: Essential conversations for a lifetime of love. New York: Workman.

Gottman, J., & Silver, N. (1999). The seven principles for making marriage work: A practical guide from the country's foremost relationship expert. New York: Crown.

Gottman, J., & Silver, N. (2012). What makes love last? Build trust and avoid betrayal. New York: Simon and Schuster.

Gottman, J. M. (1999). The marriage clinic: A scientifically based marital therapy. New York: Norton.

Gottman, J. M. (2011). The science of trust: Emotional attunement for couples. New York: Norton.

Gottman, J. M., & Declaire, J. (2001). The relationship cure: A 5 step guide to strengthening your marriage, family, and friends. New York: Crown.

Gottman, J. M., & Gottman, J. S. (2018). The science of couples and family therapy: Behind the scenes at the "love lab". New York: Norton.

Gottman, J. M., Gottman, J. S., & Declair, J. (2006). Ten lessons to transform your marriage: America's love lab experts share their strate-gies for strengthening your relationship. New York: Crown.

Gottman, J. S. (Ed.). (2004). The marriage clinic casebook. New York: Norton. Gottman, J. S., & Gottman, J. M. (2015). Ten principles for doing effective couples therapy. New York: Norton.

Gurman, A. S. (Ed.). (2010). Clinical casebook of couple therapy. New York: Guilford.

Hendrix, H. (1988). Getting the love you want: A guide for couples. New York: Henry Holt & Co.

Hendrix, H. (1992). Keeping the love you find: A personal guide. New York: Atria.

Hendrix, H., & Hunt, H. (1994). Couple's companion: Meditations and exercises for getting the love you want. New York: Pocket Books.

Hendrix, H., & Hunt, H. L. (1995). The personal companion: Meditations and exercises for keeping the love you find. New York: Atria.

Hendrix, H., & Hunt, H. L. (2003). Getting the love you want workbook: The new couples' study guide. New York: Atria.

Hendrix, H., & Hunt, H. L. (2004). Receiving love: Transform your relationship by letting yourself be loved. New York: Atria.

Hendrix, H., & Hunt, H. L. (2005). Getting the love you want: A guide for couples, 20th anniversary edition. New York: Henry Holt & Co.

Hendrix, H., & Hunt, H. L. (2006). Receiving love workbook: A unique twelve-week course for couples and singles. New York: Atria.

Hendrix, H., & Hunt, H. L. (2013). Making marriage simple: 10 relationship-saving truths. New York: Harmony Books.

Hendrix, H., & Hunt, H. L. (2017). The space between: The point of connection. Franklin, TN: Clovercroft.

Hendrix, H., & Hunt, H. L. (2018). The happy couple's secret: How to build a lasting, satisfying relationship. Amazon Digital Services.

Hendrix, H., & Hunt, H. L. (2019). Getting the love you want: A guide for couples (3rd ed.). New York: St. Martin's Griffin.

Johnson, S. (2008). Hold me tight: Seven conversations for a lifetime of love. New York: Little, Brown.

Johnson, S. (2011). Hold me tight: Your guide to the most successful approach to building loving relationships. New York: Piatkus.

Johnson, S. (2013). Love sense: The revolutionary new science of romantic relationships. New York: Little, Brown.

Johnson, S., & Sanderfer, K. (2016). Created for Connection: The "hold me tight" guide for christian couples. New York: Little, Brown.

Johnson, S. M. (2004). The practice of emotionally focused couple therapy: Creating connection. New York: Routledge.

Johnson, S. M. (2005a). Emotionally focused couple therapy with trauma survivors: Strengthening attachment bonds. New York: Guilford.

Johnson, S. M. (2005b). Becoming an emotionally focused couple therapist: The Workbook. New York: Routledge.

Johnson, S. M. (2019). Attachment theory in practice: Emotionally

focused therapy (EMT) for individuals, couples, and families. New York: Guilford.
　Johnson, S. M., & Whiffen, V. E. (2005). Attachment processes in couple and family therapy. New York: Guilford.
　Kleinplatz, P. J. (Ed.). (2012) New directions in sex therapy: Innovations and alternatives. New York: Routledge.
　Lieblum, S. R. (Ed.). (2010). Treating sexual desire disorders: A clinical case-book. New York: Guilford.
　Nelson, T. (2012a). Getting the sex you want: Shed your inhibitions and reach new heights of passion together. Beverly, MA: Quiver.
　Nelson, T. (2012b). The new monogamy: Redefining your relationship after infidelity. Oakland, CA: New Harbinger.
　Nelson, T. (2019). When you're the one who cheats. Toronto: RL Publish-ing Corp.
　Perel, E. (2006). Mating in captivity: Reconciling the erotic and the domestic. New York: HarperCollins.
　Perel, E. (2007). Mating in captivity: Unlocking erotic intelligence. New York: Harper Paperback.
　Perel, E. (2017). The state of affairs: Rethinking infidelity. New York: HarperCollins.
　Real, T. (2002). How can I get through to you? Closing the intimacy gap between men and women. New York: Scribner.
　Real, T. (2007). The new rules of marriage: What you need to know to make love work. New York: Ballantine.
　Schnarch, D. (1991). Constructing the sexual crucible: An integration of sexual and marital therapy. New York: Norton.
　Schnarch, D. (1997). Passionate marriage: Keeping love and intimacy alive in committed relationships. New York: Norton.
　Schnarch, D. (2002). Resurrecting sex: Solving sexual problems and revolutionizing your relationship. New York: HarperCollins.
　Schnarch, D. (2011). Intimacy & desire: Awaken the passion in your relationship. New York: Beaufort.
　Schwartz, R. C. (1997). Internal family systems therapy. New York: Guilford.
　Schwartz, R. C. (2008). You are the one you've been waiting for: Bringing courageous love to intimate relationships. Oak Park, IL: Center for Self Leadership.
　Springs, J. A., & Spring, M. (1996). After the affair: Healing the pain and rebuilding trust when a partner has been unfaithful. New York: HarperCollins.
　Springs, J. A., & Spring, M. (2004). How can I forgive you? The courage to forgive, the freedom not to. New York: HarperCollins.

Taibbi, R. (1996). Doing family therapy: Craft and creativity in clinical practice. New York: Guilford.

Taibbi, R. (2010). Doing couple therapy: Craft and creativity in work with intimate partners. New York: Guilford.

Taibbi, R. (2017). Brief therapy with couples and families in crisis. New York: Routledge.

Taibbi, R. (2018). Process-focused therapy: A guide for creating effective clinical outcomes. New York: Routledge.

Treadway, D. C. (1989). Before it's too late: Working with substance abuse in the family. New York: Norton.

Treadway, D. C. (1996). Dead reckoning: A therapist confronts his own grief. New York: Basic Books.

Treadway, D. C. (2004). Intimacy, change, and other therapeutic mysteries: Stories of clinicians and clients. New York: Guilford.

Treadway, D. C., Treadway, K., Treadway, M., & Treadway, S. (2010). Home before dark: A family portrait of cancer and healing. New York: Union Square Press.

Wachtel, E. F. (1999). We love each other, but . . . Simple secrets to strengthen your relationship and make love last. New York: St. Martin's Press.

Wachtel, E. F. (2017). The heart of couple therapy: Knowing what to do and how to do it. New York: Guilford.

Weiner Davis, M. (2002). The divorce remedy: The proven 7-step program for improving your marriage. New York: Simon & Schuster.

Weiner Davis, M. (2004). The sex-starved marriage: Boosting your marriage libido: A couple's guide. New York: Simon & Schuster.

Weiner Davis, M. (2008). The sex-starved wife: What to do when he's lost desire. New York: Simon & Schuster.

Weiner-Davis, M. (1993). Divorce busting: A step-by-step approach to making your marriage loving again. New York: Fireside.

Weiner-Davis, M. (1999). Getting through to the man you love: The no-nonsense, no-nagging guide for women. New York: St. Martin's Press.

Weiner-Davis, M. (2017). Healing from infidelity: The Divorce Busting guide to healing your marriage after an affair. Woodstock, IL: Michele Weiner-Davis Training Corp.

Wile, D. B. (1981). Couples therapy: A non-traditional approach. Hoboken: NJ: Wiley & Sons.

Wile, D. B. (1995). After the fight: Using your disagreements to build a stronger relationship. New York: Guilford.

Wile, D. B. (2008). After the honeymoon: How conflict can improve your relationship. Hoboken, NJ: Wiley & Sons.

A Practical Guide to Collaborative Couple Therapy
Treating Couples Well
Copyright © 2020 David C. Treadway
First published in 2020 by Routledge,
a member of the Taylor & Francis Group LLC
All rights reserved
Korean translation copyright © 2025 Healingwings
Authorised translation from the English language edition
published by Routledge,
a member of the Taylor & Francis Group LLC,
through Orange Agency
이 책의 한국어판 저작권은 오렌지 에이전시를 통해
저작권자와 독점 계약한 힐링윙즈에 있습니다.
저작권법에 의하여 한국 내에서 보호를 받는 저작물이므로
무단전재와 무단복제를 금합니다.

협력적 부부상담을 위한 실전 가이드

# 부부상담 잘하기

발행일: 2024년 4월 15일
지은이: 데이비드 트레드웨이
옮긴이: 김재희
펴낸이: 김재희
펴낸곳: 힐링윙즈
　　　세종특별자치시 갈매로351 에비뉴힐
대표전화: 0507-1336-3926
등록번호: 제2022-000022호

ISBN  979-11-987207-0-2 (93180)

정가 17,000원